선지자의 가슴으로

선지자의 가슴으로

지은이 | 손윤탁
펴낸이 | 원성삼
표지디자인 | 강민주
펴낸곳 | 예영커뮤니케이션
초판 1쇄 발행 | 2021년 11월 10일
등록일 | 1992년 3월 1일 제 2-1349호
주소 | 03128 서울시 종로구 대학로3길 29, 313호(연지동, 한국교회100주년기념관)
전화 | (02)766-8931
팩스 | (02)766-8934
이메일 | jeyoung@chol.com
ISBN 979-11-89887-45-2 (03230)

값 8,000원

모든 인간은 하나님의 형상을 닮은 존귀한 존재입니다. 사람은 인종, 민족, 피부색, 문화, 언어에 관계없이 모두 다 존귀합니다. 예영커뮤니케이션은 이러한 정신에 근거해 모든 인간이 존귀한 삶을 사는 데 필요한 지식과 문화를 예수 그리스도의 사랑으로 보급함으로써 우리가 속한 사회에 기여하고자 합니다.

선지자의 가슴으로

손윤탁

예영

글머리에

어머니의 마음으로….
그러나 어찌 하나님의 마음에 견주겠습니까?
그저 부족한 우리 인생들인지라
어머니를 닮은 '선지자의 가슴'을 선택했습니다.

그래도 세상을 바라보면 답답합니다.
그 심정을 어찌 다 표현할 수 있겠습니까?
이 시대의 선지자들은 외쳐야 합니다.
어차피 부탁하신 하나님의 말씀들입니다.
설교자는 하나님의 말씀을 읽고 들음으로
성경을 근거로 하나님의 뜻을 증거하는 선지자들입니다.
그러므로 당당해야 합니다.
물러서는 일도 없어야 합니다.

학자로 자처하며 많은 글들을 쓰기도 하지만
설교문보다 더 어려운 작업은 없습니다.
그래서 함께 나누고자 하는 마음으로
주의 뜻을 대변하던 선지자들의 삶을 택하였습니다.

설교는 종이가 아니라 심령에 기록합니다.
그래서 후학들을 위하여 시적인 방법을 택하였습니다.
이 작은 글들은 그 내용이나 질에 대한 평가보다는
설교자들의 자료(Source) 제공을 위한 것임을 밝혀 둡니다.

이 글에 소개되는 모든 내용이
읽는 이들의 머리가 아니라 마음에 있기를 원합니다.
그리고 마음에서 끝나는 감상적인 글이 아니라
손발을 바로 세우는 글이기를 바라는 마음입니다.

저는 지금 '추천의 글'로 인하여 엄청 감격하고 있습니다.
초등학교 교사 시절의 제자가 추천의 글을 보내 주었습니다.
김윤태 박사는 대학에서 선교학을 가르치는 교수이지만
현재 대전에서 바쁘게 사역하는 목회자입니다.

2021년 10월

저자 손 윤 탁

추천의 글

평생 교사요, 선교사요, 목회자요, 교수로 사셨던
『남산 길, 닭 울음소리』(2019), 손윤탁 목사님께서
이번에는 선지자의 가슴으로 부르짖습니다.

선지자들의 외침을 빌어
예수 그리스도의 복음을 선포하는 이 책은
오늘을 살아가는 우리에게
다시 주의 재림을 준비하라 외치고 있습니다.

시인이 쓴 시도 아니고,
목회자가 쓴 설교문도 아닌데,
읽을수록 설교를 듣는 것 같고,
시집을 읽는 것 같은 가슴 뭉클함이 있습니다.

해마다 많은 설교집과 성경 교재들이 쏟아져 나오지만,
회개하고 돌아오라는 선지자들의 외침을 주제로
이성과 감성을 동시에 자극하는 접근은 처음입니다.

주의 길을 걷는 목회자와 선교사, 사역자만 느낄 수 있는
행간의 고민을 함께 읽을 수 있어 좋았습니다.

읽고 이해해야 하는 책이 있고,
읽고 울어야 하는 책이 있습니다.

이 책은 머리가 아니라 가슴으로 읽는 책입니다.
울고 난 뒤 한 번 더 생각하게 만드는 책입니다.

갑절의 영감을 구했던 엘리사의 심정을 가진 신학도들이나
선지자의 삶과 외침을 통해 시대를 분별해야 할 목회자들,
무엇보다 세상의 선지자로 살아가야 할 성도들이나
자녀를 키우는 부모들에게 좋은 묵상 교재가 될 것입니다.

바라기는 온 가족이 함께 모여
가정예배 지침서로도 많이 이용되기를 바라면서

40년 전, 부산 우암초등학교 시절
그 당시 선생님의 제자가
가슴으로 쓰신 스승의 저서를 감히 추천합니다.

2021년 10월

대전 신성교회 김윤태 목사

차례

1

선지자의 가슴으로

빌립보서 2:5

너희 안에 이 마음을 품으라
곧 그리스도 예수의 마음이니
빌립보서 2:5

주께서 선택하셨다.
그리고 부르셨다.

두려운 마음으로 그 앞에 섰다.
친히 말씀하셨다.

떨리는 마음으로 말씀을 받았다.
감사함으로…

가서 전하라고 하신다.
그가 하신 말씀대로

당당하게 백성들 앞에 섰다.
그리고 그대로 전했다.

아우성이다.
빗발치는 원망과 욕설들!

그분의 말씀이라 가르치며
믿음으로 받아들일 것을 외치지만

이미 굳어버린 고집들은
자기 소견에 옳은 대로만 받아들인다.

모든 계획들을 말씀하셨기에
미리 듣고 아는 대로 전하였을 뿐이다.

원망의 소리도 듣기 싫지만
매 맞는 일을 어느 누가 좋아할까?

차라리 포기하자.
누워버리면 그만이다.

그때마다 답답해서 견딜 수 없는 것은
말씀하신 분이 지존자이시기 때문이라.

가감할 수도 없다.
변질시켜서도 안 된다.

'증거하는 자'로서의 '나비'(נָבִיא, 선지자)는
말씀하신 그대로만 증거해야 한다.

사람의 생각과는 다르다고 해서
임의대로 전하는 일은 없어야 한다.

선지자의 말이 아닌
하나님의 말씀이다.

백성들을 사랑하시는 하나님!
자신의 마음을 보여 주신 것이다.

그래서 세우셨다.
그의 종을 선지자로

아픔이 있고
두려움도 있지만

그 앞에 서는 자는
복이 있는 자들이다.

하나님을 대신한 그 자리기에
그들의 가슴이 하나님의 마음이다.

하나님의 마음으로
어버이의 마음으로

그래서 참는다.
고난을 감수한다.

선지자의 가슴에는
비밀이 가득하다.

선지자의 가슴으로

함께 기도합시다.

1.
창조주 하나님! 친히 모든 것을 다스리오니
주님의 섭리만을 믿고 따르며
순종하는 저희들이 되게 하여 주소서.

2.
구속의 주 예수님! 십자가의 피로 대속하여 주셨으니
부활하신 주님만을 바라보면서
겸손히 주의 뒤를 따라가게 하소서.

3.
내 안에 계신 성령님! 회개하게 하시고 깨닫게 하셨으니
저희들도 선지자의 사명을 다함으로
복음을 외치며 선교하게 하소서.

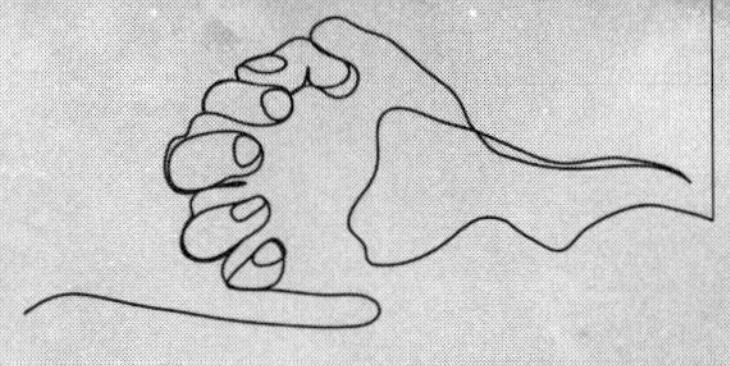

2

선지자의 역할 • 사무엘

사무엘상 7:3-17

사무엘이 돌을 취하여
미스바와 센 사이에 세워 이르되
여호와께서 여기까지 우리를 도우셨다 하고
그 이름을 에벤에셀이라 하니라

사무엘상 7:12

어려운 시대였다.
온갖 죄악과 불신으로
혼돈과 무질서가 극에 달한 사사시대다.
지파 간에는 연대의식이 허물어져 버렸고
지도자들마저 잠들어 있던 그때였다.

어린 소년 사무엘을 부르셨다.
"여호와께 구하여 얻은 자"
"그 이름은 하나님"이라는 아이!
젖 뗀 후부터 하나님의 집에서 자랐고
엘리 제사장의 지도를 받았다.

마지막 사사인 그가 최초의 선지자가 되어
가는 곳마다 하나님께 제단을 쌓았다.
엘리 집안의 부도덕한 환경 속에서도
하나님과 사람들에게 인정받은 것은
그의 신실한 믿음 때문이다.

기브아산의 법궤를
아비나답의 집에 옮긴 후
백성들을 향하여 큰 소리로 외쳤다.

"너희가 전심으로 여호와께 돌아오려거든

이방 신들과 아스다롯을 너희 중에서 제거하고
너희 마음을 여호와께로 향하여 그만을 섬기라
그리하면 너희를 블레셋 사람의 손에서
건져내시리라."(삼상 7:3)

전쟁의 위기 속에서도
칼과 창만을 의지하지 않았다.
사람들을 미스바에 모이게 하고
금식과 회개를 선포하였다.
선지자의 할 일을 '미스바'로 보여 준다.

기도하지 않는 것을 죄로 여겼고(삼상 12:23).
하나님과 쉼 없이 소통하였다.
벧엘, 길갈, 미스바를 돌아보며(삼상 7:16)
백성들을 위하여 순행하였으며
왕(지도자)들을 세워 주의 뜻을 선포하였다.

나누고 베풀고 돕고 대화하며
군림하지 않았던 모습도 아름답지만
그의 결백과 순결이 존경의 이유다.
사울을 꾸짖는 단호함에서
순종이 제사보다 나음(삼상 15:22)을 배운다.

위기 중에 있는 백성들!
그들을 구해야 하는 사사의 직무를 위해서도
종일 금식하고 회개하며 기도하므로(삼상 7:6)
온전한 제사의 응답을 받았으니
여호와께서 큰 우레로 블레셋을 패하게 하셨다(삼상 7:10).

에벤에셀의 하나님!
여기까지 도우시기 위하여
미스바에서 센까지
갈릴리에서 예루살렘까지
단에서 브엘세바까지!

지금도 백두에서 한라까지
그날부터 지금까지
오늘부터 영원까지
천사(선지자)들을 보내시므로
그의 뜻을 미리 알려 주시는 하나님!

사울에게 기름을 부어 왕으로 삼으니
선지자의 이름으로 세움을 받았기에
다시 이새의 아들 다윗을 택하여
이스라엘 두 번째 왕으로 삼는다.
슬픔 중에서도 감당해야 할 역할이었기에.

예수님을 그리스도로 고백하게 됨은
왕과 제사장, 선지자로 오셨기 때문인데
사사로, 선지자로, 제사장으로 일한 사무엘이
장차 오실 그리스도의 예표가 되었다.
벌써부터 메시아를 바라본 선지자였다(행 3:24).

아비를 믿고 왕이 되겠다는 아들들로 인하여
자신의 자식 교육은 실패로 끝났으나
오히려 그가 걱정하는 것은 **다음 세대이었기에.**

라마에 세운 선지학교 학생들은
사무엘과 함께 예언하는 무리들이 되었다(삼상 19:20).

선지자의 가슴으로

함께 기도합시다.

1.
어렵고 힘든 위기를 기도로 극복한 선지자를 본받아
우리들도 기도함으로 이 난국을 슬기롭게 이기게 하소서.

2.
성도들과 가족들, 이웃들이 소통과 대화가 되게 하시고
세대 간의 격차를 극복하며 평강을 이루게 하소서.

3.
언제나 기도하며 말씀을 읽고 듣고 깨달아
주님의 마음, 선지자의 가슴으로 미래를 열어가게 하소서.

3

선지자의 지혜와 용기 • 나단

사무엘하 12:1-15

하나님께서 구하시는 제사는 상한 심령이라
하나님이여 상하고 통회하는 마음을 주께서
멸시하지 아니하시리이다

시편 51:17

하나님은 거룩하시다.
죄가 없으시다.
죄를 미워하신다.
죄를 간과하지 않으시는 분이다.
그는 공의로우시다.

의로우신 하나님 앞에서
다윗이 죄를 저질렀다.
밧세바와의 간음도 큰 죄지만
죄를 덮겠다고 우리아까지 살해하고
하나님 앞에서 더 큰 죄를 저질렀다.

아담과 하와의 버릇이 여기까지 왔다.
선악과만 따 먹어도 엄청난 죄이건만
하나님의 낯을 피하려고 나무 뒤에 숨었다.
그리고 핑계한다. 변명까지 일삼는다.
죄는 죄를 낳고, 더 큰 죄를 짓게 된다.

나단을 부르셨다.
그리고 보내셨다(Missio).
보냄을 받은 자(Missionary)의 용기로
하나님은 그의 사역(Mission)을 감당하게 하신다.
선교는 하나님의 사역이다.

"여호와께서 나단을 다윗에게 보내시니"(삼하 12:1)
나단은 하나님의 마음을 전하기 위해
지혜로운 방법을 사용하였다.
다윗의 의분을 자극하는 비유법을 사용하였다.
주님도 이러한 방법을 사용하곤 하셨다.

"양과 소가 심히 많은 부자가
가난한 이웃이 자식처럼 아끼는 양을 빼앗아
자기 집에 찾아온 행인을 대접하였나이다."

이야기를 듣고 분노하지 않을 사람이 어디 있으랴?
"당신이 그 사람이라."(삼하 12:7)

그는 당당한 선지자였다.
배후에 하나님이 계셨다.
그의 지시대로 따랐다.
사람들 앞에서는 숨길 수 있어도
하나님의 눈을 피할 수 없다.

범죄자 다윗이나
이를 지적하는 나단이나
모두가 다 하나님 앞에 있음을 알았다.
세상의 선지자로 부름 받은 성도들도

언제나
"코람 데오(Coram Deo, 하나님 앞에서)"를 기억해야 한다.
베옷을 입고 금식하며,
통곡하며 회개하는 다윗의 기도는
선지자의 용기로 인한 결과다.
"내가 여호와께 죄를 범하였노라."(삼하 12:13)

본문은 간단하지만 시편 51편이 구체적이다.

"하나님이여 주의 인자를 따라
내게 은혜를 베푸시며
주의 많은 긍휼을 따라
내 죄악을 지워 주소서
나의 죄악을 말갛게 씻으시며
나의 죄를 깨끗이 제하소서
무릇 나는 내 죄과를 아오니
내 죄가 항상 내 앞에 있나이다."(시 51:1-3)

죄를 지적하시는 목적을 알아야 한다.
지적 자체나 징벌이 목적이 아니다.
하나님은 그의 백성들이
심판의 자리에 이르는 것을 원하지 않으신다.
회개하여 돌아오기를 원하신다.

나단 선지자의 지혜로움은
범죄의 지적이나 심판을 선포함으로
자신을 의롭게 여기거나
타인을 정죄하기 위한 것이 아니었다.
하나님의 마음을 담은 선지자의 가슴이었다.

두려움을 느끼면 거짓말을 한다.
내가 설치면 상대방이 주눅든다.
상대방을 움직이는 지혜로운 선택과 함께
용기를 겸비한 나단의 경고가 없었다면
다윗도 여전히 죄 가운데 있었을 것이다.

자신의 감정이었다면
나단은 밧세바를 도울 수 없었을 것이다.
학깃의 아들 아도니야가 반란을 일으키자
나단은 솔로몬의 어머니 밧세바를 만나(왕상 1:11)
그를 왕으로 세우는 일에 적극적으로 개입한다.

선지자는 사사로운 감정의 사람이 아니었다.
다윗과 솔로몬 시대에 활동한 그는
범죄의 가능성을 가진 불완전한 인간에게
좌절하거나 낙심하지 않는 길로 이끌었으니
참된 회개의 능력이 무엇인지 가르쳤기 때문이다.

힘을 내자!
용기를 가지자!
아버지의 뜻을 알았으니 주저하지 말자!
올바른 지혜와 용기를 가진 나단을 배우자!
참된 선지자이신 예수 그리스도를 바라보면서….

선지자의 가슴으로

정성을 다하여 기도합시다.

1.
주님의 부르심에 응답하게 하시고 주신 사명을 알고
지혜롭고 담대하게 천국 비밀인 복음을 전파하게 하소서!

2.
다윗처럼 우리 자신의 부족함과 연약함을 깨달아
작은 죄까지 자복하므로
큰 구원의 능력을 힘입게 하소서!

3.
성령님께서 함께하시므로
우리의 영적인 눈을 밝혀 주셔서
세상을 이기는 당당한 승리자로서 부족함이 없게 하소서!

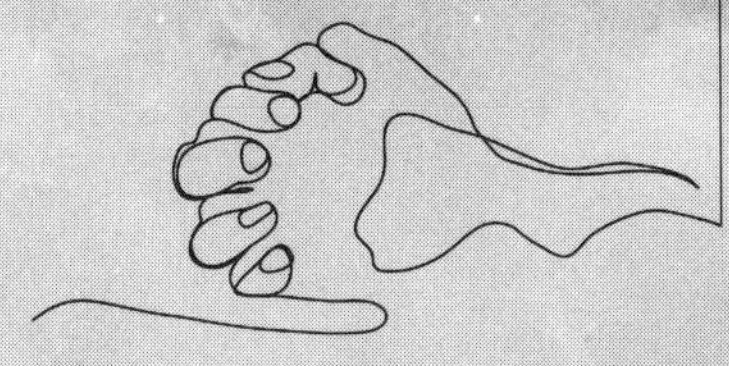

4

선지자의 기도와 능력 • 엘리야

열왕기상 18:30-46

엘리야는 우리와 성정이 같은 사람이로되
그가 비가 오지 않기를 간절히 기도한즉
삼 년 육 개월 동안 땅에 비가 오지 아니하고
다시 기도하니 하늘이 비를 주고
땅이 열매를 맺었느니라

야고보서 5:17-18

엘리야! '여호와는 하나님이시다.'
북왕국이 가장 번성하던 시절의 선지자다.
막강한 군사력이나 경제력을 자랑하던 때!
모든 것이 풍요로운데 가장 타락한 시대였다.
결혼 동맹으로 인하여 우상 숭배가 극에 달했다.

디셉 사람 엘리야!
시골 출신이라는 말이다.
말씀을 안고 도성으로 향할 때
엘리야의 가슴은 얼마나 떨렸을까?
길르앗에 머물 때에 말씀을 선포한다.

"길르앗에 우거하는 자 중에
디셉 사람 엘리야가 아합에게 말하되
내가 섬기는 이스라엘의 하나님 여호와께서
살아계심을 두고 맹세하노니
내 말이 없으면 수년 동안
비도 이슬도 있지 아니하리라."(왕상 17:1)

시냇가에서
까마귀가 물어다 주는 떡과 고기로 살았다.
그런데 가뭄으로 그릿 시내까지 물이 말라 버리자
사르밧에서 가난한 과부의 집에 기거하여야 했다.

이러한 그가
이방 선지자들과 맞선 것은 갈멜산이다.

"이세벨의 상에서 먹는 바알의 선지자 사백 오십 명과
아세라의 선지자 사백 명을 갈멜산으로 모아
내게로 나아오게 하소서."(왕상 18:19)

번제물과 제물을 태울 나무 위에 물을 붓고
제단에도 도랑에도 물을 부은 다음
기도한즉 여호와의 불이 내려서
번제물과 나무와 돌과 흙을 태우고
또 도랑의 물까지 핥아버린 이 사건은
종일 몸을 상해가며 몸부림치던 우상 숭배자들을
기손 시내에서 가차없이 처단하였다.

중요한 것은 응답을 받는 엘리야의 기도다.
죽었던 사르밧 과부의 아들이 살아나고(왕상 17:17-24)
여호와의 불이 떨어지고(왕상 18:25-40)
삼 년 반 동안 막힌 하늘에서 비가 내리고(왕상 18:41-46)
아하시야의 군대 위에 불이 임하게 된다(왕하 1:9-12).

① 엘리야의 기도는 하나님의 말씀에 뿌리내린 기도였다.
"많은 날이 지나고 제삼 년에 여호와의 말씀이

엘리야에게 임하여 이르시되
너는 가서 아합에게 보이라
내가 비를 지면에 내리리라."(왕상 18:1)
이미 엘리야에게 약속하시고 말씀하셨다.

사람의 입장에서 보면 참으로 이상하다.
성경 1,189장의 말씀 속에는
우리들의 생활과 관계된 내용이 모두 담겨 있다.
말씀을 붙들고 기도하라.
말씀과 친밀하라.
말씀대로 기도하면 반드시 응답받는다.

② 기도의 목적이 분명해야 한다.
"아브라함과 이삭과 이스라엘의 하나님 여호와여
주께서 이스라엘 중에서 하나님이신 것과
내가 주의 종인 것과 내가 주의 말씀대로
이 모든 일을 행하는 것을 오늘 알게 하옵소서."(왕상 18:36)

"여호와여 내게 응답하옵소서
내게 응답하옵소서
이 백성에게 주 여호와는 하나님이신 것과
주는 그들의 마음을 되돌이키심을 알게 하옵소서."
(왕상 18:37)

주께서 하나님이신 것을
이스라엘과 모든 백성이 알아야 한다.
우리의 기도에 응답하심으로….
그래서 하나님의 영광을 위하여
주의 이름을 위하여
그리고 하나님의 뜻을 구하는 기도를 드린다.

③ 야고보가 이미 소개한(약 5:17–18) 것처럼
우리와 성정이 같은 엘리야임에도 불구하고
그는 전심으로, 간절히 기도하였다.
"그가 비가 오지 않기를 간절히 기도한즉"(약 5:17)
"간절히" 기도한즉!

예수님께서도 겟세마네에서 기도하셨다.
"내 원대로 마시옵고 아버지의 원대로"(눅 22:42).
얼마나 간절히 기도하셨는지 모른다.
"힘쓰고 애써 더욱 간절히 기도하시니
땀이 땅에 떨어지는 핏방울같이 되더라."(눅 22:44)

④ 말씀대로 군더더기가 없다.
말씀하신 대로
하나님의 영광을 위하여
믿음으로

그리고 간절히!

그러나 자세가 중요하다.
두 손을 모으고,
혹은 두 손을 들고,
무릎 꿇고,
혹은 엎드려서
겸손한 자세와 경건한 모습으로
이왕이면 표정까지도….

그런데 엘리야는
"갈멜산 꼭대기로 올라가서 땅에 꿇어 엎드려
그의 얼굴을 무릎 사이에 넣고"(왕상 18:42)
하나님께 기도했다.

⑤ 기도는 믿음이 전제되어야 한다.
변화산에서 내려오신 예수님에게
아들을 데려온 아버지가 있었다.
불에도 넘어지고
물에도 넘어지는 이 아들의 문제를
제자들이 해결하지 못하였다.
그러나 예수님은 간단히 귀신을 내어 쫓으셨다.
제자들이 조용히 여쭈었다.

“우리는 어찌하여 쫓아내지 못하였나이까”(마 17:19)
마태는 “너희 믿음이 작은 까닭이니라.”(마 17:20)라고
마가는 “기도 외에 다른 것으로는
이런 종류가 나갈 수 없느니라.”(막 9:29)고 적고 있다.
같은 질문에 예수님은 ‘믿음으로’ 혹은 ‘기도’로 대답하신다.

‘기도’와 ‘믿음’이 다른 말인가?
분명히 해야 한다.
능력의 근거가 여기에 있다.
믿음이 없는 기도는 기도가 아니며
기도하지 않는 믿음은 바른 믿음이 아니다.

엘리야는 확신하고 있었다.
3년 6개월간 비가 내리지 않았지만
그럼에도 그는 기도하며 확인한다.
“사환에게 이르되 올라가 바다 쪽을 바라보라.”(왕상 18:43)
한두 번이 아니다.
일곱 번이나 확인한 것은 그의 믿음 때문이었다.

선지자는 하나님과 소통하는 자다.
그러므로 담대하며
쉬지 않고 기도한다.
그 결과로 인한 능력이었다.

그러나 선지자는 우리와 성정이 같은 사람이었다.

그도 심한 불안감으로 우울해 한 적이 있었다.
극악한 아합의 아내 이세벨은
자기 선지자들을 기손 시냇가에서 죽여 버리자
엘리야에게 보복을 선언한다.
그때 엘리야는 로뎀나무 아래에서
죽기를 구하였고
하나님의 산 호렙으로 피신까지 하였다.

그러나 불안하고 우울한 엘리야에게
하나님은 그의 제자 엘리사를 허락하시고
그를 통하여 수종들게 하였다.
사무엘 때에 시작된 선지학교를 계승할 수 있었기에
엘리사를 후계자로 얻게 된 것이 큰 위로가 되었다.

제자 엘리사는 엘리야에게 기쁨이었다.
스승의 갑절이나 되는 영감을 구한 엘리사는
죽음을 보지 않고 승천한 에녹과 예수님처럼
엘리야의 승천을 기록으로 남길 수 있었고
엘리야의 정신을 계승할 수 있었다.

다시 한번 엘리야의 가슴으로

선지자가 가졌던 기도의 자세와 마음으로
하나님의 말씀, 그 언약을 붙들고
하나님의 영광을 위하여, 하나님의 뜻을 구하되
믿음으로, 겸손한 자세로, 간절한 마음으로 기도하자.

엘리야의 가슴으로

함께 기도합시다.

1.

아버지의 뜻과 말씀에 의지하여 기도하기를 원합니다.

언약의 말씀을 믿사오니 믿음대로 이루어 주소서!

2.

간절한 마음으로, 겸손한 자세로 기도하기를 원합니다.

언제나 기도 응답의 큰 기쁨을 누리는

저희들 되게 하소서!

3.

은혜를 사모하며 예배에 참석하여 기도하게 하심으로

이것이 삶의 큰 변화가 되고, 새로운 시작이게 하소서!

5

선지자의 영성 • 엘리사

열왕기하 2:7-14

엘리야가 엘리사에게 이르되
나를 네게서 데려감을 당하기 전에
내가 네게 어떻게 할지를 구하라
엘리사가 이르되 당신의 성령이 하시는 역사가
갑절이나 내게 있게 하소서 하는지라

열왕기하 2:9

갑절의 영감!
엘리사가 스승의 뒤를 따르자
엘리야가 제자에게 묻는다.
"너 왜 내 뒤를 졸졸 따라 다니느냐?"
"당신의 성령이 하시는 역사가
갑절이나 내게 있게 하소서."(왕하 2:9)

"엘리사가 가로되 당신의 영감이 갑절이나
내게 있기를 구하나이다."(개역한글, 왕하 2:9)
엘리사는 스승 엘리야에게 갑절의 '영감'을 구한다.

영감이란
"성령의 역사"다.
이는 우리가 가지고 있는 것이 아니다.
가져야 하는 것은 맞지만 받아야 하는 것이다.
성령님의 역사하심이 곧 나의 영성이요, 영감이다.

그렇다면 분명하다.

첫째, 성령님을 모셔야 한다.
그분이 계셔야만 우리에게 영성이 있는 것이다.
성도들은 이미 성령님을 모시고 사는 사람들이다.
"내 안에 계신 성령님"이 우리의 고백이기 때문이다.

모든 성도들은 조건을 갖추었다.
영성으로 충만할 수 있는 조건이다.
하나님을 아빠라고 부르며(롬 8:15)
예수님을 주라고 부르는 사람들이다(고전 12:3).
영성이 풍부해지기만 하면 된다.

영감이라고 하면 영적인 능력이지만
'성령님의 역사'지 사람의 능력은 아니다.
어떤 사람에게 성령님이 역사하시는지 알고 있다.
마가의 다락방의 120 성도처럼 간절히 구하며,
고넬료 가족처럼 사모하며 믿어야 한다.

그러므로 ① 믿음을 점검하고,
② 간절히 사모하며,
③ 뜨겁게 기도하자!
기본적인 영성의 틀은 사도행전으로 확인되지만
이미 구약시대의 선지자들이 가졌던 자세다.

엘리야, '여호와는 하나님이시다.'
엘리사, '하나님은 구원이시다'라는 의미다.
요단계곡 출신인 엘리사의 본업은 농부이다.
소를 몰고 쟁기질을 하던 사람이다(왕상 19:19-21).
'대머리'라는 외모에 대해

수치심도 있었던 것 같다(왕하 2:23).
그러나 그는 영감, 곧 성령이 충만한 선지자였다.

둘째, 단순한 영감이 아니라 〈갑절의 영감〉이다.
스승 엘리야에 비하면 '갑절'이라는 말이다.
영감은 숫자나 양으로 측정할 수 없지만
성경에는 엘리야가 행한 기적이 일곱 가지라고 한다.
그릿 시냇가로부터 갈멜산을 거쳐 호렙까지….

까마귀의 심부름, 사르밧 과부의 가루와 기름,
여인의 죽었던 아들의 회생, 갈멜산에서의 대결 현장,
기도로 3년 6개월 만에 비가 쏟아지고
로뎀나무 아래에서 천사가 주는 음식으로 40주야를 견디고
아하시야의 군대에 불을 내리기까지….

그러나 엘리사가 행한 기적은 열네 가지라고 한다.
그의 행적을 통하여 확인해 보면 되지만
중요한 것은 이것이 엘리사의 능력이 아니라
확인한 것처럼 스승 엘리야를 모델로 삼는 삶과
함께하시는 하나님께서 행하시는 능력이다.

바알 종교의 영향은 줄었으나 우상 숭배는 여전하였고
아합 왕이 죽고 난 이후 국력이 점점 쇠퇴해지자

아람은 수시로 군대를 동원하여 이스라엘을 괴롭혔다.
그때 선지자는 나라를 지키기 위해 능력을 행함으로,
엘리사는 애국적인 선지자로 그 역할을 다하였다.

셋째, 〈갑절의 영감〉을 받는 비결이 중요하다.
엘리사가 스승 엘리야에게 구하므로
〈갑절의 영감〉을 얻는 것도 비결 중 하나지만
그는 이미 엘리야를 만나자 중대한 결단을 내렸다.
농부였던 그가 모든 것을 정리하고 스승을 따랐다.

승천하려는 엘리야의 뒤를 붙좇고 있다.
어렵고 힘든 때지만 삶의 모델이 있음은 큰 복이다.
길갈에서 벧엘로, 벧엘에서 여리고로,
여리고에서 요단으로…
스승이 바람을 타고 하늘에 오르기까지…
끝까지 포기하지 않고 따르는 자세가 중요하다.

무엇보다 엘리사의 삶과 사역을 짚어보아야 한다.
선지학교를 통한 후진 양성도 중요하지만
생도들의 가족을 돌보는, 보살피는 장면이 중요하다.
선지자 아내의 호소를 들어 주고,
독이 든 채소국을 해독시키고(왕하 4:1, 38 하),
물에 빠진 도끼날을 건져 주는(왕하 6:1-7) 등.

그가 행한 기적의 대부분은 이웃에 대한 동정심이다.

토산이 익지 않고 떨어지는 여리고에서(왕하 2:19–22),
잉태하지 못하는 수넴 여인을 위한 축복과
죽은 아들을 다시 살리는 일(왕하 4:8–37),
아람의 군대장관 나아만의 나병 치유(왕하 5:1–27)와
도단 성을 둘러싼 아람 군대를 보고 두려워하기보다는
종의 눈을 열어 달라고 기도하던(왕하 6:17) 선지자다.

북이스라엘의 악한 왕들에게 책망하는 기사가 없고
어린아이들이 놀린다고 암곰에게 희생을 당하게 하므로
그의 저주에 대한(왕하 2:24) 혹평도 있지만
국가적 위기 때마다 조국을 위하여 기도하는 모습과
실수보다 선행에 대한 평가의 점수가 더 높은 선지자다.

엘리사의 열정으로

기도하여 **갑절의 영감**을 받읍시다.

1.
우리 안에 계신 성령님! 우리의 기도에 응답하소서!
갑절의 은혜와 능력으로
주의 크신 영광을 찬양하게 하소서!

2.
성령으로 충만하게 하사
주님의 교회와 믿음의 가정들 위에
주님의 평강이 넘치게 하시고
모든 질병을 치유하여 주소서!

3.
말씀과 기도를 통하여 뜨거운 영성을 회복하게 하시고
선교의 열정, 이웃을 위한 사랑이
더욱 뜨거워지게 하소서!

6

선지자의 예언대로 • 이사야

이사야 45:20-25

땅의 모든 끝이여 내게로 돌이켜 구원을 받으라
나는 하나님이라 다른 이가 없느니라

이사야 45:22

이사야에게는 수식어가 많다.

– 왕궁의 선지자

남유다 예루살렘의 선지자다.

히스기야 왕과의 이야기가 대표적이다.

왕의 질병 치유와 생명 연장은 38장에 나온다.

– 소망의 선지자

– 복음의 선지자

이사야서의 구조(전 39장, 후 27장)가 중요하다.

심판과 구원의 주제가 신구약 성경의 요약이다.

– 메시아 예언의 선지자

그러나 선지자는 므낫세의 통치 시기에

톱에 잘려 순교한 것으로 추정한다.

아모스의 아들(사 1:1) 이사야는

'여호와는 구원이시다'라는 뜻의 이름을 가졌으며

여선지자인 아내와의 사이에 두 아들이 있었다.

그 아들들의 이름까지도 예언적이다(사 7:3, 8:3)

스알야숩과 마헬살랄하스바스!

웃시야 왕이 죽던 해(사 6:1)에 부름을 받아

므낫세가 통치할 때까지 남유다의 선지자로 활동하였다.

북이스라엘을 멸망시킨(BC 722) 앗수르와 남쪽 애굽,

신흥국으로 등장한 바벨론 등 주변 강국들을 의지하려는
왕들에 강한 질책을 아끼지 않았다.

① 예나 지금이나 **'약소국의 설움'**은 표현하기조차 어렵다.
'그럴수록 변함없으신 하나님을 의지'하라고 외쳤다.
친 앗수르 정책으로 동맹을 시도하는 아하스 왕을 책망하고
앗수르에 의한 이스라엘의 멸망을 예언하며(사 7:1-25)
임마누엘하실 메시아를 선포한다.

"그러므로 주께서 친히 징조를 너희에게 주실 것이라
보라 처녀가 잉태하여 아들을 낳을 것이요
그의 이름을 임마누엘이라 하리라."(사 7:14)

결국은 멸망하게 될 열방 국가들임을 예언하며
3년 동안이나 벗은 몸과 발로 생활하였다(사 20:1-6).
애굽과 동맹을 원하는 히스기야를 책망하며(사 30-31장)
"여호와의 불은 시온에 있고
여호와의 풀무는 예루살렘에 있느니라."(사 31:9)고 선언한다.

결국 바벨론에 포로가 될 것을 예언하면서도
회복을 선언하므로(사 39장)
장차 주어질 희망을 선포한다.

40장 이후의 27장의 신약적 메시지에 주목하자.
모든 열방이 주께로 돌아오며
믿는 자에게는 복이 주어진다.

② 선지자는 하나님의 말씀에 죽고 살아야 한다.
소명을 받는 현장에서
그는 하나님의 옷자락을 보았다.
죄인임을 탄식하며 부정함을 고백하는 그에게
천사는 제단의 핀 숯으로 입술에 갖다 댄다.

"네 악이 제하여졌고
네 죄가 사하여졌느니라."(사 6:7)

그때 들린 주님의 음성을 청종한다.
"내가 누구를 보내며
누가 우리를 위하여 갈꼬 하시니
그때에 내가 이르되
내가 여기 있나이다 나를 보내소서."(사 6:8)

하나님은 분명히 말씀하셨다.
결실이 없을 것이라고…
들어도 깨닫지 못하고,
보아도 알지 못할 백성이라고…(사 6:9).

그러나 선지자는 응답하는 중 위임을 수락한다.
즉각적으로 순종하는 준비된 자였다.
순종하는 자에게 주시는 놀라운 약속이 있다.

"밤나무와 상수리나무가 베임을 당하여도
그 그루터기는 남아 있는 것 같이
거룩한 씨가 이 땅의 그루터기니라."(사 6:13)

③ 선지자의 가장 중요한 선포는
메시아에 대한 약속이다.
거룩한 희망의 선포다.

'그루터기의 신앙'도
'남은 가지의 사상'도
모두 메시아에 대한 예언이다.
소망을 가지고 기다리며
늘 깨어 있는 성도로서의 삶을 이야기한다.

율법과 심판(구약성경의 주제, 사 1-39장)도
사랑과 구원(신약성경의 주제, 사 40-66장)도
모두 하나님께서 계시하신 말씀의 주제지만
그가 예언한 대로 메시아로 오신 주님!
이제 우리는 다시 오실 주님을 기다리는 사람들이다.

다시 오실 주를 대망하는 우리들이기에
예수님의 동생 야고보의 교훈으로 다시 정리한다.

종말 신앙을 강조한 그의 가르침이기에(약 5:7–9)
① **'길이 참으라!'**고 한다. 다시 기다려야 한다.
농부가 이른비와 늦은 비를 기다리듯…
'견실하며 흔들리지 말라'(고전 15:58)는 교훈대로
② **'마음을 굳건히'** 함으로 신앙의 지조를 지키되
벌써 심판주가 문 앞에 이르렀다는 말씀을 생각하며
③ **'원망하지 말라!'**는 말씀을 기억하고 감사하며 살자.

때가 되었을 때에 초림하신 우리 주 예수 그리스도는
약속하신 대로 우리의 죄를 대속하셨다.
우리의 죗값을 지불하셨다.
죄는 내가 지었는데 벌은 주님이 받으셨다.
그리고 우리에게 말씀하신다.

"나 보내신 이를 믿는 자는 영생을 얻었고
심판에 이르지 아니하나니
사망에서 생명으로 옮겼느니라."(요 5:24)

이사야의 입술처럼 깨끗해진 우리들은
정결하게 된 자로서 대답하여야 한다.

"내가 누구를 보내며 누가 우리를 위하여 갈꼬
내가 여기 있나이다 나를 보내소서."(사 6:8)
기도로 응답하는 성도가 되자!

이사야의 가슴으로

결단하며 기도합니다.

1.

힘들고 어려운 때입니다. 저희들은 연약합니다.
이럴 때일수록 더욱 주님을 의지하며 기도하게 하소서!

2.

무슨 말씀이든지 순종하며 따르는 저희들 되게 하셔서
교회와 가정과 하는 일들을 통해
주의 영광 나타내게 하소서!

3.

거룩한 영광을 회복하게 하시고 언약의 말씀을 믿고
주일예배와 기도회, 사경회를 통해 큰 은혜 받게 하소서!

7

선지자의 눈물 • 예레미야

예레미야 25:1-14

그러므로 여호와께서
그의 모든 종 선지자를 너희에게 끊임없이 보내셨으나
너희가 순종하지 아니하였으며
귀를 기울여 듣지도 아니하였도다
그가 이르시기를
너희는 각자의 악한 길과 악행을 버리고 돌아오라
그리하면 나 여호와가 너희와 너희 조상들에게
영원부터 영원까지 준 그 땅에 살리라

예레미야 25:4-5

예레미야는 참 슬펐다.
그토록 외치고 선포했으나
들어주는 사람이 없었다.
믿어 주지 않았다.

자신의 생각이 아니다.
하나님의 말씀이다.
그런데도 그들은 듣지 않았으며
오히려 돌아온 것은 모욕과 수치였다.

포기하고 싶었다.
잠잠히 있으려니 마음이 불붙는 것 같아서
답답하여 견딜 수가 없었다.
마음의 고통이 더 컸기 때문이다.

하나님과 소통하는 가운데
이스라엘의 구원을 위하여 기도하였고

① 너무나 많은 눈물을 흘렸기 때문에
'눈물의 선지자'라는 별명을 가졌다.

재사장 힐기야의 아들(렘 1:1)인 그는
베냐민 땅 아나돗에서 출생한 것으로 보아

솔로몬 왕 때에 추방을 당하였던
제사장 아비아달의 후손이었을 것이다(왕상 2:26).

아버지 힐기야는 유다의 선군 요시야 왕 때에
이방 신상을 제거했던 대제사장과 이름이 같다.
그러나 안타깝게도
여호아하스, 여호야김, 여호야긴을 거쳐
비극의 왕 시드기야 때까지 선지자로 활동하였다.

여호아하스는 애굽으로 잡혀가서 죽고
애굽의 바로느고가 그 형제 여호야김을 세웠으나
그는 바벨론의 느부갓네살을 섬기다 죽으매
아들 여호야긴이 다시 예루살렘의 왕이 되었다.

참으로 불행한 시대였다.
여호야긴은 바벨론의 포로로 끌려가고
그의 숙부 맛다니야가 마지막 왕인 시드기야다.
바로 이 역사의 현장에 예레미야가 있었다.

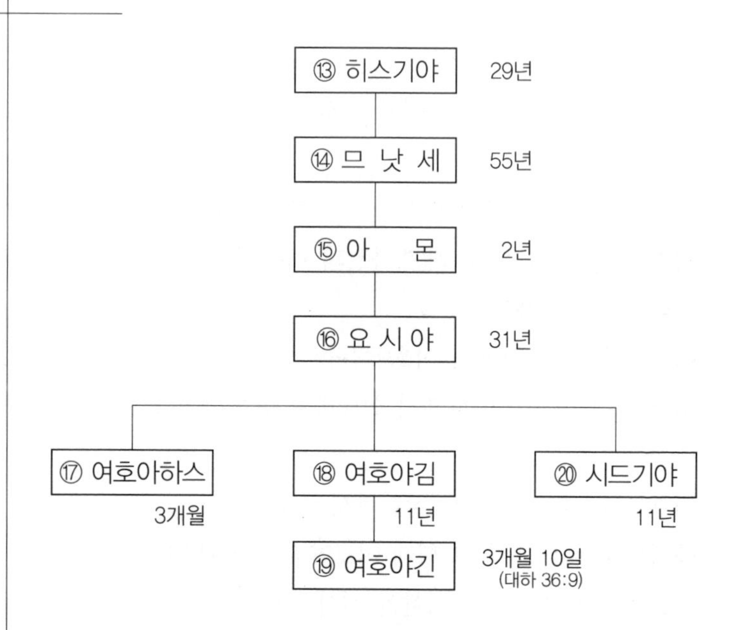

유다의 마지막 왕의 계보를 보면
히스기야 왕이나 요시야 왕처럼 훌륭한 선군도 있었으나
므낫세와 같은 극악한 왕도 있었는데
안타까운 것은 요시야 왕의 세 아들과 손자들이다.

그래서 예레미야의 부르짖음이 더 간절했다.
그토록 바벨론도 앗수르도 애굽도 의지하지 말고
오직 하나님만을 의지하라고 호소했지만
애굽으로 잡혀가고, 바벨론으로 잡혀갔으니….

② 본문(렘 25장) 말씀으로 **'인내하는 선지자'**를 본다.

예레미야의 가슴이 어떠했을까를 확인한다.
"여호와께서 세우신다"는 뜻을 가진 이름으로
50여 년 동안 외쳤으니 한창 사역 때의 기록이다.

"유다 왕 아몬의 아들 요시야 왕 열셋째 해부터
오늘까지 이십삼 년 동안 여호와의 말씀이
내게 임하기로 내가 너희에게 꾸준히 일렀으나"(렘 25:3)
4절에 보면 순종도, 귀를 기울여 듣지도 않았다.

5절과 6절은 그 구체적인 내용을 담고 있다.
"너희는 각자의 악한 길과 악행을 버리고 돌아오라
그리하면 나 여호와가 너희와 너희 조상들에게
영원부터 영원까지 준 그 땅에 살리라."

"너희는 다른 신을 따라다니며 섬기거나
경배하지 말며 너희 손으로 만든 것으로써
나의 노여움을 일으키지 말라 그리하면 내가
너희를 해하지 아니하리라 하였으나"

그런데도 그들은 어떠했는가?
순종하지 아니하였다.
손으로 만든 우상을 섬기므로
여호와의 노여움을 일으켰다.

선지자는 이러한 사실을 미리 선포함으로
토굴과 왕의 시위대 뜰에 갇히고
수염을 집어 뜯기고 뺨을 맞고 수모를 당하고
그래도 그는 외치고 또 외쳤다.

천성적으로 동정심이 많았던 그는
갈등과 회의와 번민 속에서도
박해와 투옥에도 불구하고 끝까지 인내하며
말씀을 증거하였다.

바벨론에 투항하라는 그의 외침은
세상 나라가 이 지경에 이르렀으니
③ 이제는 하나님 나라를 회복하자는 외침으로
'희망을 선포하는 선지자'였다.

하나님 나라도 빼앗기고 세상 나라도 잃으면
아무것도 회복할 수 없다.
그러나 하나님 나라를 위하여 세상 나라를 잃으면
하나님께서 결국 회복시켜 주신다는 말씀이다.

암담한 현실 가운데에서도
본문 마지막에서 선지자가 선포하는
희망의 메시지를 읽을 수 있다.

이사야의 그루터기나 남은 가지 사상처럼….

“여호와의 말씀이니라
칠십 년이 끝나면 내가 바벨론의 왕과 그의 나라와
갈대아인의 땅을 그 죄악으로 말미암아 벌하여
영원히 폐허가 되게 하되
내가 그 땅을 향하여 선언한 바
곧 예레미야가 모든 민족을 향하여 예언하고
이 책에 기록한 나의 모든 말을
그 땅에 임하게 하리라.”(렘 25:12-13)

우리는 기억한다.
바사 왕 고레스(페르시아 왕 키루스) 원년에
예레미야의 예언대로 70년이 차게 되어
스룹바벨, 에스라, 느헤미야에 의한 포로 귀환을….

남대문교회는 1944년 5월
남대문교회 제6대 목사로 부임하신 김치선 목사님을 기억한다.
3·1운동으로 인한 옥살이와
일본에서 직접 핍박과 고난을 체험하신 목사님!

해방 후에도 민족의 현실을 바라보며 우셨다.
한국의 예레미야인 김치선 목사님은

오직 살길은 하나님 밖에 없다는 사실을 외치며
민족 복음화와 삼백만 영혼 구원의 열정을 보이셨다.

마치 6·25라는 전쟁이 일어날 것을 아신 것처럼
민족과 한국 교회가 갈 방향은 복음뿐임을 외쳤다.
전쟁이 끝나기 전인 1952년에 교회를 사임하셨으나
6월이면 예레미야의 가슴을 잊을 수 없다.

선지자는 무너진 조국을 안고 통곡만 할 수 없어
"여호와여 우리를 주께로 돌이키소서
그리하시면 우리가 주께로 돌아가겠사오니
우리의 날들을 다시 새롭게 하사
옛적 같게 하옵소서."(애 5:21)

기도하는 중에 희망을 선언하였으나
결국 애굽으로 가서 거기에서 돌에 맞아 죽었다.
그러나 이 시간 우리는 그가 남긴 교훈을 새겨야 한다.
다함께 예레미야의 간절한 마음이 되어 기도하자!

"너는 내게 부르짖으라
내가 네게 응답하겠고
네가 알지 못하는
크고 은밀한 일을 네게 보이리라."(렘 33:3)

힘써 부르짖고 기도하는 중에
우리의 선배들이 그렇게 기도한 것처럼
특별히 나라와 민족을 위하여 기도하자!
위정자들과 각 분야의 지도자들을 위해서도 기도하자!

우리의 가정과 가족,
특별히 불신 가족들, 환우들,
여러 가지 어려움을 겪고 있는 성도들을 위해서!
특별히 기도함으로 승리하시기를!

예레미야의 심정으로

분단된 조국과 이 민족의 복음화를 위하여
기도합니다.

1.
우상들을 버리며 회개하고 돌아오는 민족이 되게 하소서!

2.
하나님만 경외하므로 하나님 나라가 이루어지게 하소서!

3.
부정과 불의가 사라지고 정의로운 이 땅이 되게 하소서!

4.
하나님의 말씀에 청종함으로 모든 재앙이 사라지게 하소서!

5.
거룩한 영성 회복으로 사명을 다하는 한국 교회 되게 하소서!

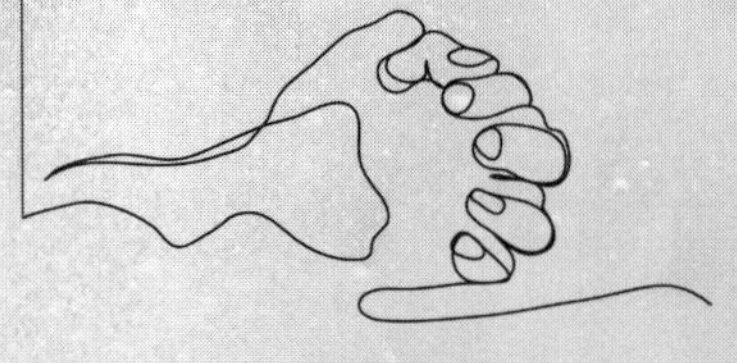

8

환상을 통한 선지자의 꿈 • 에스겔

에스겔 39:21-29

내가 내 영광을 여러 민족 가운데에 나타내어
모든 민족이 내가 행한 심판과
내가 그 위에 나타낸 권능을 보게 하리니
그날 이후에 이스라엘 족속은
내가 여호와 자기들의 하나님인 줄을 알겠고
여러 민족은 이스라엘 족속이
그 죄악으로 말미암아 사로잡혀 갔던 줄을 알지라

에스겔 39:21-23 상

예수님은 베드로, 야고보와 요한을 데리시고
변화산에 오르시어 미리 환상을 보여 주셨다.
주님은 이것을 직접 '호라마'(본 것)라 하셨다.
"(너희가) 본 것을 아무에게도 이르지 말라."(마 17:9)

호라마(Ὅραμα)는 영어로 'Vision'이라 번역한다.
우리말로는 비전이라는 단어로 그냥 쓰기도 하나
대개 '환상'이나 '꿈'이라고 번역한다.
바라는 바 '소망'이나 '희망'이 바로 '호라마'다.

성전은 불에 타고 예루살렘은 무너졌다.
두려움을 느낀 백성들은 이리저리 흩어졌으나
지도자들은 3차에 걸쳐 바벨론으로 사로잡혀갔다.
에스겔은 2차 포로시기에 끌려갔을 것으로 본다.

제1차 포로는 애굽의 도움으로 왕이 된 여호야김이,
제2차는 여호야긴이 왕이 된 지 3개월 만에
바벨론으로 끌려갔으며(BC 597),
마지막 시드기야가 잡혀간 것은 BC 586년이다.

제사장 부시의 아들(겔 1:3)인 에스겔이
포로로 잡혀간 땅에서 어떻게 '선지자'라고 불렸을까?
포로 된 백성들에게 하나님의 메시지를 전달하고

회개의 촉구로 예언자 역할을 감당하였기 때문일 것이다.

에스겔은 주로 환상을 많이 보았으며
그발강을 중심으로 활동하는 22년 동안
이스라엘의 회복을 예언하며 용기를 주었기에
'환상과 소망의 선지자'라는 별명이 붙었다.

이미 나라는 패망하고 백성들은 다 흩어져 버렸는데
아무것도 기대할 수 없는 이방 땅의 포로인 그가
소망 중에 하나님만을 의지하라고 선포하는 일은
'뜨거운 선지자의 가슴'이 아니고는 어려운 일이었다.

먼저 선지자는
(1) **유다가 패망한 원인**을 밝힌다.
물론 직접적인 원인은 백성들의 불순종과 음란,
가증스런 우상 숭배로 인한 하나님의 진노이지만
가장 큰 재앙은 하나님의 영광이 떠나는 것이다.

하늘로부터 내려오는 보좌
그룹들의 날개 소리
네 개의 바퀴가 똑같은 모양인데
그 그룹 날개 밑에 손 같은 것이 나타났다.

성전에 가득한 영광!
그러나 그 손으로 불을 집어가는데
그룹(소)의 얼굴, 사람, 사자, 독수리!
그들이 올라가니 여호와의 영광이 떠난다.

성전 문지방을 떠나서(겔 10:18)
날개 달린 그룹들이 불을 들고 올라가는데
여호와의 전 동문에 머물던 그 영광이 떠나버렸다,
성읍의 동쪽 산에서도 마찬가지다(겔 11:23-24).

그래서 성전이 불타고 성벽이 무너졌다.
거짓 선지자들에게 종말이 오고(겔 13장)
우상들이 심판을 받고(겔 14장) 주민들은 흩어지고
가증하고 방자한 예루살렘이 벌을 받는다.

정말 버리셨을까? 택한 선민인데…
여호와의 칼이 임하고 예루살렘의 풀무에 던져지고
선지자의 아내도 함께 죽는구나(겔 24:18).
선지자는 하나님의 명령대로 울지 못했다.

이방인들도 알아야 한다.
선민이 있었기에 보호함을 받았다.
저들이 침묵하면 돌들이 소리 지르고(눅 19:40)

그런 일이 일어나면 모두 다 죽는 것인데….

성도(聖都)가 무너지니 함께 무너진다.
암몬과 모압과 세일, 에돔과 블레셋이(겔 25장),
두로와 시돈과 애굽까지도(겔 26–32장).
그들은 왜 모를까! 함께 죽는다는 것을….

그래서
(2) **선지자는 희망을 선포한다.**
에스겔이 민족의 파수꾼이 된다.

"인자야 내가 너를
이스라엘 족속의 파수꾼으로 삼음이 이와 같으니라
그런즉 너는 내 입의 말을 듣고 나를 대신하여
그들에게 경고할지어다."(겔 33:7)

양떼를 구원하리라고 약속도 하신다.
"내가 그들에게 복을 내리고
내 산 사방에 복을 내리며 때를 따라 소낙비를 내리되
복된 소낙비를 내리리라."(겔 34:26)

선민을 정결하게 하시고, '마른 뼈 환상'을 보여 주신다.
마른 뼈들이 모여 연결이 되고, 힘줄이 생기고

살이 오르며 가죽이 덮이자
생기에게 대언하라 하셨기에 대언하였더니
바로 그 생기가 들어가 다시 살아났다(겔 37:1-10).
그래서 원수를 무찌르고 이스라엘을 회복한다.
다시 힘을 얻었으니 성전이 다시 세워진다.
마곡 땅 로스와 메섹, 두발 왕 곡이 멸망하며(겔 38:2-6)
그 나라의 영광을 위한 성읍이 건설된다(겔 40-42장).

거룩한 나라의 회복!
그 순서를 정리해 주는 본문(겔 39:21-29)이다.
① 하나님의 영광을 여러 민족 가운데에 나타내어
심판과 권능을 보게 하면(21절)
② 이스라엘 족속은
여호와가 자기 하나님인 것을 알게 되고(22절)
③ 이스라엘 족속이 그 죄악으로 말미암아
하나님은 자기 백성이라도 벌을 주신다는 것을
온 세계 모든 민족들도 알게 된다(23-24절).
그러나 여호와 하나님은 그의 백성을 돌아오게 하신다.

"전에는 내가 그들이 사로잡혀
여러 나라에 이르게 하였거니와
후에는 내가 그들을 모아 고국 땅으로 돌아오게 하고
그 한 사람도 이방에 남기지 아니하리니

그들이 내가 여호와 자기들의 하나님인 줄을 알리라."
(겔 39:28)

환난 중에도, 이방 땅에서 포로생활 중에도
하나님은 선지자에게 환상을 통하여 말씀하셨다.

(3) **오늘 성령님을 모신 성전**(고전 3:16)**으로서** 성도와
주님의 몸 된 교회의 모습이 어떠해야 하는지를 교훈한다.

먼저, 여호와의 영광이 회복되어야 한다.
그발 강가에서 본 환상, 곧 날개 달린 보좌와 그룹들!
그 영광이 동문을 통하여 성전으로 들어온다(겔 43:4).
'여호와의 영광'이 성전에 가득하였다(겔 43:5).

안식일과 초하루 예배를 드렸다(겔 46:1).
지금도 **주일예배와 월삭예배**를 드려야 한다.
아침마다 여호와께 번제와 소제를 드렸다(겔 46:13-15).
새벽기도가 성경적임을 잊지 않아야 한다.

성전에서 물이 흘러내린다.
측량하였더니 발목과 무릎과 허리에 이르고
나중에는 **헤엄을 쳐야 할** 강이 되었다(겔 47:1-5).
물이 흐르는 곳마다 놀라운 생명의 역사가 일어난다.

"강 좌우 가에는 각종 먹을 과실나무가 자라서
그 잎이 시들지 아니하며 열매가 끊이지 아니하고
달마다 새 열매를 맺으리니
그 물이 성소를 통하여 나옴이라."(겔 47:12)

기도해야 한다.
"그 물이 **성소를 통하여** 나옴이라."
주님의 몸 된 교회와 성전인 성도들을 통하여!
이 시대의 파수꾼인 성도들을 통하여!

에스겔의 가슴으로

교회와 성도들을 위하여 기도합시다.

1.

성도로서 파수꾼의 사명을 다하지 못하여

오늘의 교회가 세상의 비난을 받고

신뢰를 잃게 된 것을 **회개합니다.**

2.

하나님의 거룩한 영광을 회복하게 하시고,

성도들과 교회, 믿음의 가정들과 사역들 위에

성령 충만함을 허락하소서!

3.

어려움 중에 있는 성도들과 환우들에게

환상을 보여 주시고

우리들에게도 에스겔의 **소망과 치유의 역사**가

있게 하소서!

9

선지자의 지조(志操)와 왕국의 선포 · 다니엘

다니엘 2:44-49

이 여러 왕들의 시대에 하늘의 하나님이
한 나라를 세우시리니
이것은 영원히 망하지도 아니할 것이요
그 국권이 다른 백성에게로 돌아가지도 아니할 것이요
도리어 이 모든 나라를 쳐서 멸망시키고
영원히 설 것이라

다니엘 2:44

태어날 때부터 대한민국의 국민인 우리들은
한국이라는 나라의 시민권자가 되었다.
처음부터 하나님은 민족들로 나누셨다.
바벨탑 사건(창 11장) 이후 하나님은 모든 인류를
같은 방언들끼리 흩으시니 민족들이 되었다.

민족들 나름대로 질서와 규율에 따라
나라를 형성하고 국가조직을 하게 되므로
이것이 나라가 민족별로 구성된 이유일 것이다.
그러나 하나님은 궁극적인 나라를 선언하신다.
다니엘을 통하여 그 나라를 확인한다.

나라의 운명과 관계된 이스라엘의 4대 선지자!
이사야 선지자가 왕궁의 선지자라면
예레미야를 눈물의 선지자라 불렀으며
포로 중에 환상으로 희망을 노래한 에스겔과
어린아이로 포로로 끌려 간 다니엘이 있다.

다니엘서의 시작은 1차 포로시기(BC 605)다.
"유다 왕 여호야김이 다스린 지 삼 년이 되는 해에
바벨론 왕 느부갓네살이 예루살렘에 이르러
성을 에워쌌더니"(단 1:1)
2차는 여호야긴(BC 597), 3차는 시드기야(BC 586) 때다.

첫 바벨론 포로는 '갈그미스' 전투로부터 시작된다.
유다 땅에서 있었던 애굽과 바벨론의 전쟁(BC 605)이라
앗수르와 애굽을 격파한 바벨론은 이스라엘을 괴롭힌다.
애굽의 바로느고에 의해 세워진 왕 여호야김과 함께
왕족들과 귀족들을 포로로 끌고 간다.

여호야긴을 새로운 왕으로 세우고
왕가의 후손들을 강제로 끌고 간 일행 중에는
왕족인 유다지파의 후손인 다니엘이 있었다(단 1:6).
같은 왕족이요, 친구인 세 사람도 함께 끌려갔다.
하나냐와 미사엘과 아사랴다. (후에 개명)

첫째 교훈은 이방 나라에 사는 천국 시민의 삶이다.
다니엘은 지조(志操) 있는 신앙인의 모델이다.
세상 권력을 가진 이방인들과 그 권세 앞에서도
하나님의 절대적인 능력과 권능을 보여 준다.
그의 큰 영광을 드러내는 삶을 가르쳐 준다.

왕족의 긍지와 지조를 보여 주는 어린 다니엘처럼
천국의 시민권자들도 이 정도의 절개는 지켜야 한다.
"다니엘은 뜻을 정하여 왕의 음식과 그가 마시는
포도주로 자기를 더럽히지 아니하리라 하고…"(단 1:8)
신앙적 연륜이 어려도 기본적인 정조는 분명해야 한다.

그의 세 친구도 마찬가지다.

사드락, 메삭, 아벳느고도 다니엘과 뜻을 함께하였다.
왕의 산해진미를 거부하고 채식만을 하였음에도
다른 소년들보다 더욱 아름답고 살이 더욱 윤택하였기에
이방인 감독자가 그들의 규례를 인정하였다.

느부갓네살의 금 신상에 절을 하지 않았다고 하여
풀무에 던짐을 당하는 이 친구들의 당당함을 보라.
"왕이여 우리가 섬기는 하나님이 계시다면
우리를 맹렬히 타는 풀무불 가운데에서
능히 건져내시겠고
왕의 손에서도 건져내시리이다."(단 3:17)
"그렇게 하지 아니하실지라도!"(단 3:18)
절하지 않겠다는 뜻을 분명히 하였다.

다니엘에게도 위기가 왔다.
"우리가 이 일에 대하여
왕에게 대답할 필요가 없나이다."(단 3:16)
분명히 사자 굴속에 던져질 것을 알고 있지만(단 6:3–27)
하루에 세 번 정해진 기도 시간에 창문을 열고
예루살렘을 향해 기도하던 다니엘도 사자 굴을 택한다.

세 친구도, 다니엘도
오히려 전화위복(轉禍爲福)의 계기가 되는 이 교훈은
오늘의 이방 땅에 사는 나그네 된 성도들도
새기고 새겨야 할 귀한 교훈이다.

둘째, 다니엘은 대단한 지혜를 가진 선지자였다.
그의 지혜는 모두 기도를 통하여 얻은 것이다.
느부갓네살 개인의 꿈이 무엇인지 누가 알 수 있으며
알지도 못하는 꿈을 어떻게 해석할 수 있을까?
그런데 다니엘은 기도로 이 두 문제를 모두 해결한다.

"이에 이 은밀한 것이 밤에 환상으로
다니엘에게 나타나 보이매
다니엘이 하늘에 계신 하나님을 찬송하니라."(단 2:19)
다니엘은 이방 왕 앞에서도 이 지혜는 자신의 것이 아니며
은밀히 가르쳐 주신 분은 하나님이심을 밝힌다(단 2:28-30).

두 번이나 느부갓네살과 얽힌 꿈의 이야기가 있지만
바벨론의 마지막 왕 벨사살에게도 같은 일이 생긴다.
성전에서 가져온 금 그릇으로 술을 마시다가 본 글씨!
"메네 메네 데겔 우바르신" 저울에 달아 보니 부족해서
이제 메대와 바사로 나눠진다는 해석이다(단 5:25-28).

모든 지혜는 하나님께로부터 나온다.
하나님과 친밀한 소통을 이루었던 다니엘은
메데 왕 다리오 시대에 사자 굴에 던짐을 당하여도
여전히 총리로서 하나님의 영광을 나타내었기에
바사 왕 고레스 시대에도 형통하였던 것이다(단 6:28).

셋째, 다니엘이 위대한 선지자로 인정받게 되는 것은
앞으로 전개될 세계 역사에 대한 예언과 함께
장차 이루어질 **하나님 나라의 선포**로 말미암는다.
포로 된 백성들에게 바른 신앙을 촉구하면서도
선민에 대한 종말론적 구원을 깨우치기 위함이다.

느부갓네살의 우상으로도 충분한 설명이 되지만
다니엘서 후반부(7–12장)는 묵시로 가득 차 있다.
바벨론제국을 상징하는 날개 달린 사자와
바벨론을 멸망시킨 곰은 바사의 상징이다(단 7:5).
알렉산더가 통치하던 헬라제국까지 표범으로 등장한다.

그의 이름 자체가 "하나님은 심판자"라는 뜻이지만
이 책의 기록을 BC 530년으로 본다고 해도
500년 후에나 등장할 로마제국까지 예언한다.
물론 예수님의 탄생 이후인 세상 종말을 예언하되
7년 대환난과 대심판까지도 거론하는 묵시록이다.

하나님은 어렵고 힘든 바벨론 포로시대에
에스겔과 다니엘이라는 두 선지자를 세우셨다.
에스겔에게는 주로 예루살렘과 성전의 회복이지만
다니엘은 열방과 세계 역사의 흐름을 논의한다.
다니엘은 열방을 향한 가슴으로 열려 있었다.

정보화시대, 다원화시대, 지구촌시대를 이야기하나
다니엘의 안목을 따르지 못하고 있다.
영적인 시야로 기도의 폭을 넓혀야 한다.
다니엘의 가슴으로 교회와 가정과 민족을 위하여,
그리고 미얀마와 중동지역, 아프리카 선교를 위하여….

다니엘의 가슴으로

우리 자신의 신앙과 민족과
세계 선교를 위하여 기도합시다.

1.

종말의 때입니다. 심판의 날이 가까워지고 있습니다.
굳건한 믿음으로 주님만 의지하므로
끝까지 승리하게 하소서!

2.

언제나 말씀과 기도로 하나님 아버지와 소통하게 하셔서
주님 주시는 지혜로 우리들의 모든 일이 형통하게 하소서!

3.

우리의 눈을 열어 주셔서
신령한 그 나라를 바라보게 하시고
민족의 복음화와 세계 열방을 위하여 기도하게 하소서!

10

선지자의 사랑 • 호세아

호세아 6:1–6

그러므로 우리가 여호와를 알자
힘써 여호와를 알자
그의 나타나심은 새벽빛같이 어김없나니
비와 같이, 땅을 적시는 늦은 비와 같이
우리에게 임하시리라 하니라

호세아 6:3

'고멜'이 누구인가?
디브라임의 딸로서 호세아의 아내(호 1:3).
세 아이의 엄마였던 여인(호 1:4–9).
정부(情夫)와 눈이 맞아 가출한 창녀(2:1–23).
그래서 모두 그녀를 음녀라고 부른다.

그러나 그녀는 복이 많은 여인이다.
남편에게도 버림받지 않았다.
창부(娼婦)로 타락한 여인을 남편이 찾아온다.
엄청난 대가를 지불했으며
타락한 그녀를 다시 아내로 맞았다(호 3:1–3).

누구의 이야기인가?
그리고 누가 음란한 여인인가?
하나님은 호세아를 불러 선지자로 삼았다.
그리고 그를 통하여 이스라엘을 깨우치기를 원하셨다.
창녀와 같이 음란한 이스라엘을 위하여!

다시 한번 질문한다.
'고멜'이 누구인가?
창부의 이름인가?
이스라엘만이 '고멜'이었는가?
내가 바로 '고멜', 내가 바로 그 '고멜'이다.

"고멜의 노래"를 들어본 적이 있는가?
미국의 구약학자 '마이클 카드'는
놀랍게도 이 노래로 인하여
세 차례나 '도브상'을 수상했다.
영문이든 번역이든 유튜브로 확인하자.

그래도 몇 구절만 확인하고 넘어간다.
"나는 부정한 아내,
 내 이름은 고멜!
 호세아 당신은 바보!
 어떻게 나를 용서할 수 있는지?"

계속적으로 음행을 일삼았고
뉘우침을 몰랐던 고멜이었음에도,
자신의 음욕을 채우기 위하여
남편을 헌신짝처럼 버린 그 여인을
끝까지 사랑한 그 사람은 누구인가?

북왕국 여로보암 2세 때의 호세아 선지자!
"여호와 구원하소서!"라는 이름이었으나
'사랑의 선지자'로 기억한다.
아무리 명령대로 산다고 하지만
일생에 한 번인 결혼 상대는 창녀였다.

이스라엘을 향한 애끓는 사랑을
가정에서 몸소 실천한 선지자다.
삶을 통하여 하나님의 사랑을 실천하되
자녀를 두고 가출한 비정한 여인을 사랑했다.
그 여자가 이스라엘이요, 바로 우리들이다.

모든 남성은 현숙한 여인을 원한다.
특별한 경우를 제외하면 일생에 한 번 결혼인데
그럼에도 절대적인 하나님의 사랑을 보여 주어야 했다.
그것이 바로 이 시대의 선지자인 우리들의 사명이다.
선지자의 마음이 하나님의 마음이기 때문이다.

여로보암 2세 때는 이스라엘의 번영기다.
경제적으로 정치적으로 번영을 누리던 때다.
그러나 실제적인 상황은 도덕적 타락의 시기라
우상 숭배와 부패함이 극에 달하였기에
결국 사마리아는 앗수르 군에 함락된다(BC 722).

선지자는 삶으로 하나님의 사랑을 보여 주었으나
그들은 듣지 않았다. 오히려 핍박했다.
하나님이 어떤 분인지를 분명히 알아야 하는데
회개는 고사하고 이스라엘은 귀를 막아 버렸고
호세아는 더욱 더 간절하게 부르짖는다.

"내 백성이 지식이 없으므로 망하는도다
 네가 지식을 버렸으니 나도 너를 버려
 내 제사장이 되지 못하게 할 것이요
 네가 네 하나님의 율법을 잊었으니
 나도 네 자녀를 잊어버리리라."(호 4:6)

더 애절하고 간절한 호소는 6장이다.
고쳐 주시고 치유하시는 하나님이심을 선포한다.
"오라 우리가 여호와께로 돌아가자
 여호와께서 우리를 찢으셨으나 도로 낫게 하실 것이요
 우리를 치셨으나 싸매어 주실 것임이라."(호 6:1)

"그러므로 우리가 여호와를 알자
 힘써 여호와를 알자
 그의 나타나심은 새벽빛같이 어김없나니
 비와 같이, 땅을 적시는 늦은 비와 같이
 우리에게 임하시리라 하니라."(호 6:3)

성도들이여!
이 시대의 '고멜'들이여!
'고멜'이라는 이름의 뜻을 아는가?
음란한 여자이나 그 이름의 의미는 '완성'이다.
하나님의 사랑의 '완성'이 바로 '고멜'이다.

이 시대의 고멜은 알고 깨달아야 한다.
마지막 장은 더 놀라운 사랑을 선언한다.
"너는 말씀 가지고 여호와께로 돌아와서 아뢰기를
모든 불의를 제거하시고 선한 바를 받으소서
우리가 수송아지를 대신하여
입술의 열매를 주께 드리리이다."(호 14:2)

그토록 큰 죄가 있음에도
돌아오면 입술의 고백으로
찬송하면 하나님은 그의 반역을 고치신다.
기쁘게 그들을 사랑하신다.
하나님의 진노가 떠나게 된다(호 14:4).

이스라엘에게 이슬과 같게 하시리니
백합화같이 피게 하신다.
레바논 백향목같이 뿌리가 박히며
그의 가지는 퍼지며 아름다움은 감람나무와 같고
그의 향기는 레바논 백향목과 같다(호 14:5-6).

"그 그늘 아래에 거주하는 자가 돌아올지라
그들은 곡식같이 풍성할 것이며
포도나무같이 꽃이 필 것이며
그 향기는 레바논의 포도주같이 되리라

에브라임의 말이
내가 다시 우상과 무슨 상관이 있으리요 할지라
내가 그를 돌아보아 대답하기를
나는 푸른 잣나무 같으니
네가 나로 말미암아 열매를 얻으리라 하리라."(호 14:7–8)

'고멜'과 같은 우리들이 무엇을 더 바라겠는가?
주님은 호세아가 되셔서 우리들에게 말씀하신다.
성령께서 지금도 우리들을 깨우치시며 말씀하신다.
기도로, 회개로 응답하므로
우리들 자신이 완성, 곧 성취자인 '고멜'이 되자!

호세아의 가슴으로

음녀인 우리들 자신을 돌아봅니다.

1.

고멜과 같았던 우리들 자신을 돌아보며 회개합니다.
용서하시고 구원하셔서
주님의 정결한 신부가 되게 하소서!

2.

호세아의 가슴으로 우리도 용서하고 사랑하게 하소서!
힘써 아버지 사랑으로 저들을 품고 사랑하게 하소서!

3.

아름다운 신앙의 열매로 주님의 사랑을 완성하게 하소서!
치유받게 하시고, 풍성하게 하시고, 향기롭게 하소서!

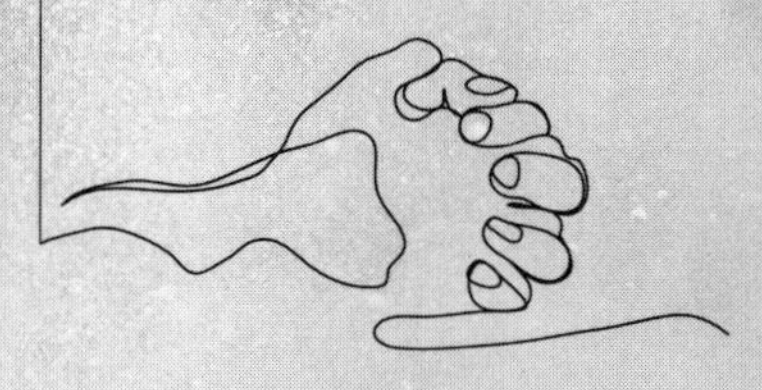

11

하나님의 선교 열정과 선지자의 항변 • 요나

요나 3:1-10

일어나 저 큰 성읍 니느웨로 가서
내가 네게 명한 바를 그들에게
선포하라 하신지라

요나 3:2

기회가 중요하다.
일반적인 시간을 크로노스라 한다.
그러나 자연적인 시간을 제대로 활용한다면
그것이 바로 카이로스(하나님의 시간)가 된다.
그리스신화에는 카이로스(기회)가 제우스의 아들이다.

추수에도 때가 있다.
놓쳐 버리면 기회를 잃게 된다.
요나는 북 왕국 여로보암 2세 때의 선지자다.
정치적, 경제적 여건으로만 보면
다윗과 솔로몬이 통치하던 시대만큼 번영기였다.

북쪽 앗수르는 상황이 달랐다.
북방 아라랏과의 전쟁으로 국력이 약화되었고
일식으로 인한(BC 763. 6. 15.) 큰 어둠을 겪고
전염병까지 창궐하자 민심이 어지러웠다.
수도 니느웨의 민심이 한창 동요하던 바로 그때다.

하나님은 그때를 놓치지 않으셨다.
요나를 부르신 것이다.
"너는 일어나 저 큰 성읍 니느웨로 가서
그것을 향하여 외치라
그 악독이 내 앞에 상달되었음이니라 하시니라."(욘 1:2)

요나의 생각은 달랐다.
수시로 고국을 괴롭히던 앗수르의 멸망을 바라던 요나는
여호와의 얼굴을 피할지언정 그들의 회개를 원하지 않았다.
욥바로 내려간 요나는 다시스로 가는 배를 탔다.
여호와께서 요나의 연고로 바다에 큰 바람을 일으키신다.

요나는 누구보다 하나님을 잘 아는 선지자다.
그가 고백한 것처럼 히브리 사람인 자신은
바다와 육지를 지으신 여호와를 경외하는 자이며(욘 1:9)
이 큰 폭풍도 자신 때문임을 아는 사람임을 밝히며
선원들에게 자신을 바다에 던지라고 자청한다(욘 1:12).

첫째, 하나님은 기회를 만드시고 사용하심을 기억하자.
이스라엘로서는 전성기였으나
앗수르의 불길한 징조는 민심의 동요가 심했기 때문에
니느웨 백성들에게는 회개의 기회였다.
요나의 하룻길 외침을 통해
니느웨 백성들이 무릎 꿇었잖은가?

사실은, 외치는 요나의 형색이 더 초라했다.
물고기 배속에서 겨우 살아난 요나의 모습이 아닌가?
내키지 않는 발걸음으로 사흘 길의 성읍을 돌아야 하나
"사십 일이 지나면 니느웨가 무너지리라."(욘 3:4)

겨우 하루 동안 이 외침뿐이었는데 놀라운 일이다.
"니느웨 사람들이 하나님을 믿고
금식을 선포하고 높고 낮은 자를 막론하고
굵은 베옷을 입은지라."(욘 3:5)
왕의 조서는 사람이나 짐승이나 가축들까지 다 금식하며
하나님께 부르짖고
악한 길에서 떠날 것을 명하였으니….

하나님께서 뜻을 돌이키셨다.
진노를 그치셨다.
멸망하지 않게 하셨다.
요나의 외침으로 인하여….
누구의 계획으로 말미암은 것인가?

하나님께서 주신 기회!
물리적으로 지나가는 크로노스가 아니다.
하나님께서 우리들에게 주신 기회이니
분명히 카이로스! 하나님의 시간이다.
요나서 2장은 물고기 뱃속에서 드린 요나의 기도다.

둘째, 고난 중에 드리는 기도의 진정성을 기억하자.
요나는 순수한 열정을 가진 믿음의 사람이었으나
하나님 앞에서도 자신의 고집을 꺾지 않았다.

하나님의 손에 이끌려 복음을 선포하였으나
오히려 결과는 자신이 바라는 대로 되기를 원했다.

"내가 받는 고난으로 말미암아 여호와께 불러 아뢰었더니
주께서 내게 대답하셨고
내가 스올의 뱃속에서 부르짖었더니
주께서 내 음성을 들으셨나이다."(욘 2:2)
하나님은 물고기를 명하여 요나를 육지에 토하게 하셨다.

요나도 두 번째 명령에는 순종할 수밖에 없었다.
"일어나 저 큰 성읍 니느웨로 가서
내가 네게 명한 바를 그들에게 선포하라 하신지라."(욘 3:2)
그래서 역사는 일어났고 백성들은 회개하였다.
그런데 요나는 싫어하며 하나님께 성내며 항의한다.

자신이 다시스로 도망한 것이 잘못된 것이 아니라
처음부터 하나님이 어떤 분이신지 알고 있었기 때문이라고….

"주께서는 은혜로우시며 자비로우시며
노하기를 더디하시며 인애가 크시사
뜻을 돌이켜 재앙을 내리지 아니하시는 하나님이신 줄을
내가 알았음이니이다."(욘 4:2 하)

대단한 믿음인 것은
이렇게 자신의 고집대로 항의한 후에는
자신의 기도대로 응답하심을 믿고
그 결과를 기다린다는 것이다.
성읍 동쪽 언덕에 자기를 위하여 초막을 짓고

성읍의 멸망을 보겠노라고
기다리는 요나의 모습은
하나님의 뜻을 모른다기보다는
너무 순진한 것이 아니었을까?

셋째, 기억하자! 하나님의 선교 열정!
모든 민족을, 모든 나라를, 모든 백성들을…
하나님이 세상을 이처럼 사랑하사 독생자까지 주셨다.
이 놀라운 사실을 믿는 자는 멸망하지 않고
영생을 얻는 복을 주셨다(요 3:16).

요나서는 구약성경이다.
구약성경은 율법과 심판이 주제지만
요나서는 회개하는 자에게 베푸시는 사랑과 은총이다.
이스라엘만의 하나님이 아니시며
온 세계 열방을 사랑하시는 하나님임을 보여 준다.

요나는 구약시대의 선지자다.
하나님과 소통하며 자신의 생각을 피력하며
친밀한 하나님과의 관계에서 대화하는 선지자다.
이스라엘의 민족주의의 틀 속에 갇혀 있는 그에게
하나님의 뜻이 무엇인가를 분명하게 가르쳐 주셨다.

니느웨의 구원에 대하여 성내며 죽기를 구하는 그에게
친절하게 안내하며 깨우쳐 주신다.
"이 큰 성읍 니느웨에는 좌우를 분변하지 못하는 자가
십이만여 명이요 가축도 많이 있나니
내가 어찌 아끼지 아니하겠느냐 하시니라."(욘 4:11)

앗수르는 훗날 사마리아를 점령하고 북왕국을 멸망시킨다.
정말 안타까운 것은
요나의 외침으로 회개한 니느웨 백성들이 패역한 죄를 짓고
하나님의 뜻을 배반하므로 심판을 받는다.

하나님은 **나훔이라는 선지자**를 보내어
그들의 죄를 지적하셨다.
회개한 백성이 다시 범죄하면
피할 길이 없음을 보여 주셨다.

요나의 음성을 듣고

회개하고 결단하며 기도합니다.

1.

하나님의 계획에 따라 순종하며 기도함으로

주어진 카이로스의 기회를 놓치지 않게 하옵소서!

2.

어려운 중에도 엎드려 기도하고 소원을 아뢰므로

주님의 뜻대로 응답받아 **말씀대로 순종**하게 하소서!

3.

모든 민족과 열방을 사랑하사 독생자까지 보내신 하나님!

우리도 주의 뜻에 순종하여 **선교의 열정**을 갖게 하소서!

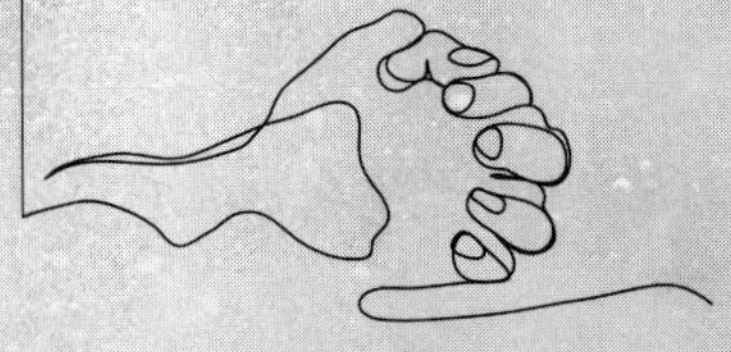

12

영성과 예배 회복 • 말라기

말라기 3:1-6

그가 은을 연단하여 깨끗하게 하는 자 같이 앉아서
레위 자손을 깨끗하게 하되 금, 은 같이 그들을 연단하리니
그들이 공의로운 제물을 나 여호와께 바칠 것이라

말라기 3:3

우리는 마지막 선지자로 세례 요한을 이야기한다.
주의 길을 예비한 자이기 때문이라 하나
사실은 온전한 선지자로 오신 분은 예수님이시다.
다스리는 왕으로 오신 주님은
우리 죄를 대속하신 제사장이시며 선지자이시다.

하늘나라의 비밀을 가르쳐 주시며
그 나라를 선포하시며 그 나라의 영원한 백성으로
초청하셔서 고치시고 치유하신 완전한 선지자이시다.
그러나 필요한 그때마다 선지자를 보내 주셨는데
구약의 마지막 선지자는 '말라기'다.

말라기가 어떤 분인지에 대한 구체적인 기록은 없지만
열두 명의 소선지자 중에 학개, 스가랴, 말라기는
유다의 바벨론 포로 석방 이후의 세 명의 선지자들로서
모두 이스라엘의 회복을 이야기한다는 공통점을 가진다.
성전(학개), 시온(스가랴), 예배(말라기)의 회복이다.

진정 국면이라고 하더라도 코로나19의 위기 중이다.
포스트코로나 시대를 말하며 회복을 이야기한다.
코로나 직전으로의 회복은 정말 위험하다.
교회에 대한 비난, 사회의 불의와 부도덕,
무질서와 혼란….

다시 돌아간다면 지금보다 더 큰 위기를 맞게 될 것이다.

우리가 기도하는 회복은 말씀에 따르는 영적 회복이다.
"내가 이 성전에 영광이 충만하게 하리라
 만군의 여호와의 말이니라."(학 2:7)
"너희는 산에 올라가서 나무를 가져다가 성전을 건축하라."(학 1:8)
학개 선지자의 외침의 바른 의미를 기억하자.
이전 영광보다 더 큰 영광(학 2:9)으로 나타나야 한다.

스가랴는 구원과 함께
하늘의 이슬로 인한 땅에서의 복(슥 8:11-13)을 선언한다.
"땅이 산물을 내며 하늘은 이슬을 내리리니
 내가 이 남은 백성으로 이 모든 것을 누리게 하리라."(슥 8:12)
"내가 너희를 구원하여 너희가 복이 되게 하리니"(슥 8:13 하)

현실은 지금이 바로 영성 회복의 기회라는 것이다.
"만군의 여호와가 이르노라 보라 내가 내 사자를 보내리니
 그가 내 앞에서 길을 준비할 것이요 또 너희가 구하는 바
 주가 갑자기 그의 성전에 임하시리니
 곧 너희가 사모하는 바 언약의 사자가 임하실 것이라."(말 3:1)

주어진 기회를 놓치지 말자.
이 세상에서 우리의 생명이 연장되고 있다.

여러 가지 이유가 있고 목적이 있겠지만
성전 회복(학개), 복의 회복(스가랴)도 중요하지만
그러나 예배(제사)의 회복(말라기)보다
더 중요한 것은 없다.

말라기는 예배의 회복을 선언한다.
제1장에서 제사장들과 백성의 죄를 지적하는데
그 구체적인 내용은 마음에 없는 제물과 봉헌물이다.
"너희가 더러운 떡을 나의 제단에 드리고도 말하기를
우리가 어떻게 주를 더럽게 하였나이까 하는도다."(말 1:7)

"만군의 여호와가 이르노라
너희가 눈먼 희생제물을 바치는 것이 어찌 악하지 아니하며
저는 것, 병든 것을 드리는 것이 어찌 악하지 아니하냐
이제 그것을 너희 총독에게 드려 보라
그가 너를 기뻐하겠으며 너를 받아 주겠느냐"(말 1:8)

하나님은 영이시다.
예배하는 자는 영과 진리로 예배를 드려야 한다(요 4:24).
그래서 말라기 선지자는
제2장에서 제사장들을 꾸짖는다.
하나님을 마음에 두지 않고
그를 영화롭게도 하지 않았기에

배설물까지 운운하며
복이 저주가 되리라 선언한다(말 2:2-3).

"너희가 말로 여호와를 괴롭게 하고도 이르기를
우리가 어떻게 여호와를 괴롭혀 드렸나이까 하는도다
이는 너희가 말하기를 모든 악을 행하는 자는
여호와의 눈에 좋게 보이며 그에게 기쁨이 된다 하며
또 말하기를 정의의 하나님이 어디 계시냐 함이니라."(말 2:17)

차라리 성전 문을 닫을 자가 있었으면 좋겠다(말 1:10)는 말씀은
건물 규모의 자랑이나
복! 복! 복! 하는 자들에 대한 경고이건만
안타깝게도 이 시대의 교회나 성도들까지도 깨닫지 못한다.
그래서 본문의 내용을 더욱 더 깊이 있게 숙독해야 한다.
제3장은 임하실 여호와의 사자와 진정한 예물을 지적한다.

오해하지 말라! 말라기는 분명히 십일조를 강조한다.
그러나 성경을 오도하지 말라.
십일조를 드림으로 하늘의 복을 시험해 보라고 가르친다.
"나를 시험하여 내가 하늘 문을 열고 너희에게 복을
쌓을 곳이 없도록 붓지 아니하나 보라."(말 3:10 하)

메뚜기를 금하여 토지소산을 먹지 못하게 하며

밭의 포도나무 열매가
기한 전에 떨어지지 않게 하리라 하시며
"너희 땅이 아름다워지므로
 모든 이방인들이 너희를 복되다 하리라
 만군의 여호와의 말이니라."(말 3:12)
이렇게 약속하셨다.
약속대로 이루시는 하나님이시나
본문에 유의하여야 한다.

하나님은 깨끗한 자의 손으로 드리는 예물을 기뻐하신다.
그래서 길을 예비하는 세례 요한의 외침을 기억해야 한다.
"나는 너희로 회개하게 하기 위하여
 물로 세례를 베풀거니와"(마 3:11)
이 사실을 말라기는 "금을 연단하는 자의 불과
표백하는 자의 잿물과 같을 것이라"(말 3:2 하)고 예언하였다.

하나님은 깨끗한 자의 손길로 드리는 제물을 기뻐하신다.
"그가 은을 연단하여 깨끗하게 하는 자 같이 앉아서
 레위 자손을 깨끗하게 하되 금, 은 같이 그들을 연단하리니
 그들이 공의로운 제물을 나 여호와께 바칠 것이라."(말 3:3)
불신자의 예물이 아니라
진정한 예배자가 먼저 되어야 한다.

그러므로 말라기 3장 5절에서
하나님은 심판을 말씀하신다.
점치는 자, 간음하는 자, 거짓 맹세하는 자,
품삯을 억울하게 하는 자, 고아와 과부를 압제하는 자,
나그네를 억울하게 하며, 여호와를 경외하지 아니하는 자들!
그들의 심판을 증언하라 하신 분이
그들의 예배를 받으시겠는가?

말라기의 마지막은 한 선지자의 증언이라기보다는
모든 선지자의 마음을 모아
다가올 새로운 시대의 개막을 알린다.
"만군의 여호와가 이르노라 나는 내가 정한 날에
그들을 나의 특별한 소유로 삼을 것이요
또 사람이 자기를 섬기는 아들을 아낌 같이
내가 그들을 아끼리니"(말 3:17)

"그때에 너희가 돌아와서 의인과 악인을 분별하고
하나님을 섬기는 자와 섬기지 아니하는 자를 분별하리라."
(말 3:18)
우리는 그날, 여호와께서 정하신 날을 기다리는 사람들이다.
선지자의 가슴으로 외치는 말씀대로
주님의 오심은 성취되었다.

그러나 아직은 아니다.
그리스도인들은 완전히 성취될 그날을 기다린다.
용광로 불같은 날이 이르기를 기다리며
공의로운 해가 떠올라
치료하는 광선을 비추는 날을 기다린다.
외양간에서 나온 송아지같이 뛰게 될
그날을 기다린다(말 4:2).

그날을 위하여
슬기로운 처녀가 되기를 원하는 우리들에게는
또 하나의 사명이 있다는 사실을 잊지 않아야 한다.
아버지의 마음을 자녀에게로 돌이키게 하고
자녀들의 마음을
아버지에게로 돌이키게 해야 한다(말 4:6).
자녀들, 후손들이
예배와 말씀으로 변화 받게 됨을 기억하자.

큰 위기 중입니다.

거룩한 영광, **회복되게 하소서!**

1.

거룩한 절기와 주일, 거룩한 날들이 회복되게 하소서!

신령한 예배를 통하여 **온전한 영광**을 주께 드리게 하소서.

2.

거룩한 성전으로서의 교회와 성도들로 회복되게 하소서!

주님의 뜻을 실현하므로 **세상의 빛과 소금**되게 하소서.

3.

거룩한 나라와 영광, 세대와 민족이 회복되게 하소서!

땅 끝까지 끝 날까지 **믿음의 계대가 전승**되게 하소서!

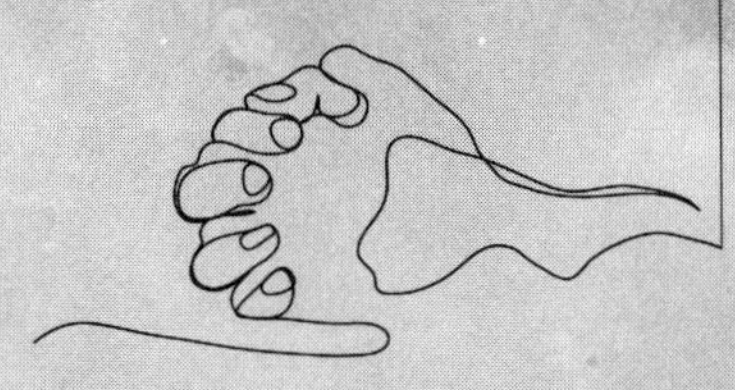

13

주의 길을 예비하다 • 세례 요한

마태복음 3:1-12

그는 선지자 이사야를 통하여

말씀하신 자라 일렀으되

광야에 외치는 자의 소리가 있어 이르되

너희는 주의 길을 준비하라

그가 오실 길을 곧게 하라 하였느니라

마태복음 3:3

사도 요한은 그의 복음서를 통해
또 다른 요한, 즉 세례 요한을 소개한다.

"선지자 이사야의 말과 같이
주의 길을 곧게 하라고
광야에서 외치는 자의 소리로라."(요 1:23)

엘리야도, 그리스도도, 선지자도 아닐진대
네가 어찌하여 세례를 베푸느냐는
바리새인의 질문에 세례 요한은 대답한다.

"나는 물로 세례를 베풀거니와
너희 가운데 너희가 알지 못하는 한 사람이 섰으니
곧 내 뒤에 오시는 그이라
나는 그의 신발끈을 풀기도 감당하지 못하겠노라."
(요 1:26-27)

이미 구약시대로부터 예언된 세례 요한이지만
구약의 마지막 선지자인 말라기도
세례 요한의 등장을 미리 이야기하였다.

"보라 여호와의 크고 두려운 날이 이르기 전에
내가 선지자 엘리야를 너희에게 보내리니"(말 4:5)

물론 온전한 선지자는 예수 그리스도이시다.
그러나 그 길을 예비할 선지자로 온 세례 요한!
우리 주님이 다시 오실 그날이 가까워지고
코로나19의 위기도 진정이 될 것 같지 않다.
다시 오실 예수님의 길을 예비해야 할 때다.

백신을 개발하고 치료제를 만들었으나
델타바이러스의 등장은 더 큰 위기를 예고한다.
인간의 오만과 무능함을 회개할 때가 되었다.
우리들이 바로 이 시대의 세례 요한이 되어야 한다.
미룰 것도 없이 이제 모든 성도들이 나서야 한다.

1. 하나님의 관심, 빈 들에 있다.

하나님의 관심은 지금 우리들에게 있다.
황당하고 답답한 일들이 비일비재한 한국 교회!
그래서 선지자를 통하여 너희 중에
"성전 문을 닫을 자가 있었으면 좋겠도다."(말 1:10)
말라기를 통하여 하신 그 말씀 그대로
교회의 문이 닫혀지고 있는 것이 아닌가 싶다.

TV에서 그냥 'X'라고 쓰는 데
거룩한 책에 "똥을 너희 얼굴에 바를 것이라."(말 2:3)

정말 무서운 경고다.

그러나 하나님은 우리를 깨우신다.
자다가 깰 때가 되었기 때문이다.
그래서 이 와중에 우리를 독려하신다.
정신이 번쩍 들 때가 되었는데
긴가민가하고 있을 때가 아니다.

잘라버릴 고목인가?
살아 있는 거목인가?
꽃을 피워야 할 시기가 되었는데….
그래서 우리도 세례 요한을 배워야 한다.

예수님께서도 그를 높이 평가하셨다.
"여자가 낳은 자 중에
요한보다 큰 자가 없도다."(눅 7:28)

하나님의 관심도 그랬다.
세상 사람들의 관심은 권세 있는 자들이다.
누가의 기록도 황제와 분봉 왕이 먼저다.
디베료 황제, 본디오 빌라도 총독,
그리고 헤롯, 빌립, 루사니아의 순서다(눅 3:1).

어쩔 수 없이 종교 소식도
안나스와 가야바가 먼저다.
대제사장이기 때문이다.
그러나 하나님의 말씀은 빈 들로 임했다.
'사가랴의 아들 요한에게' 임하셨다(눅 3:2).

'광야에서 외치는 자의 소리로서'의 사명을 주셨다.
우리도 주님을 만나려면
빈 들의 사람, 광야의 사람이 되어야 한다.

야곱이 직접 하나님을 처음 대면한 것은
루스 광야였다(창 28:19).
모세가 하나님으로부터 부름을 받게 된 것도
미디안 광야다(출 3:1-12).

비대면 시대란다.
그러나 우리는 하나님을 대면해야 한다.
무리 속에 사는 우리들이지만
마음은 빈 들이어야 한다.
세례 요한도, 다메섹 노상의 바울도
모두 광야에서 주님을 만났다.

2. 주의 음성을 들었다면 그 다음은 사명이다.

"은혜로우신 여호와"라는 이름을 가진 요한!
'아들을 낳으리니 이름을 예수라 하라'는 주님처럼
요한도 태어나기 전부터 이름이 지어졌다.
지성소에서 주의 사자를 만나 놀라는 사가랴에게
아직 자식이 없는 그에게 천사가 말한다.

"사가랴여 무서워하지 말라
너의 간구함이 들린지라
네 아내 엘리사벳이 네게 아들을 낳아 주리니
그 이름을 요한이라 하라."(눅 1:13)

그는 빈 들에서 자랐다.
예수님보다 6개월 먼저 태어난 그의 성장 모습을 보자.
"아이가 자라며 심령이 강하여지며
이스라엘에게 나타나는 날까지
빈 들에 있으니라."(눅 1:80)

성경에 나오는 여러 명의 요한 중에서도
'세례자'라는 이름이 붙은 것은
그가 요단강에서 세례를 베풀었고
예수님의 공생애도 요한에게 세례를 받게 됨으로

비로소 시작되었기 때문일 것이다.

오실 주님과 그 길을 예비하는 자로서의 사명!
그래서 그는 광야에서 외쳤다(마 3:1).
"회개하라 천국이 가까이 왔느니라."(마 3:2)

"광야에 외치는 자의 소리가 있어 이르되
너희는 주의 길을 준비하라
그가 오실 길을 곧게 하라."(마 3:3)

우리가 해야 할 일이다.
지금이 바로 그 시간이다.
"낙타털 옷을 입고 허리에 가죽 띠를 띠고
음식은 메뚜기와 석청이었더라."(마 3:4)
이 시국에 요한의 검소함을 모델로 삼아야 한다.

핑계하거나 변명할 여유가 없다.
세상과 타협하지 않는 그의 모습을 보라.
주의 재림이 가까운 지금,
선지자의 사명이 중요하다.
그러나 먼저 우리의 죄를 자복하여야 한다(마 3:6).
성부와 성자와 성령의 이름으로 세례 받은 우리는
이제 불과 성령으로 충만해야 한다.

회개에 합당한 열매를 맺어야 한다.
이미 우리는 주님을 만난 자다.
"성령과 불로
 너희에게 세례를 베푸실 것이요."(마 3:11)
그분 안에서 사는 우리들이다.

바로 그분의 명령에 순종해야 한다.
"나는 그의 신발끈을 풀기도 감당하지 못하겠노라."(눅 3:16)
요한은 겸손했다.
그러나 불의를 보고는 참지 못했다(눅 3:19).

카톡이나 유튜브 등 각종 SNS에 온갖 글들이 난무한다.
어디까지 믿어야 할지….
너무 많은 거짓 정보와 정체 모를 글들이 판을 친다.
그래도 그중에는 어떤 성도가 올린 글이 사람을 울린다.
하나님께 기도하는 글이지만 사람의 마음을 움직인다.

"하나님!
우리가 얼마나 거짓에 막말을 했으면
마스크로 입을 다 틀어막고 살라 하십니까?

우리가 얼마나 서로 다투고 싸우고
시기하고 미워했으면

거리를 두고 살라 하십니까?
우리가 얼마나 죄를 짓고
손으로 나쁜 일을 했으면
어디를 가나 손을 씻고 소독하라 하십니까?

우리가 얼마나 열을 올리고 살았기에
가는 곳마다 체온을 체크하고 살아야 합니까?

우리가 얼마나 비밀스러운 곳을 다녔으면
가는 곳마다 연락처를 적어야 합니까?

이제 서로 겸손하게 살게 해 주시고
진실하고 고운 말을 골라서 하고
미워하지 않고 사랑하며 살게 해 주세요.

하나님!
이제 그만 노여움을 거두시고
근심 걱정 없고 즐겁고
행복한 세상으로 인도해 주세요.

부디 여기서 멈추시고 사랑이 넘치는
아름다운 세상으로 만들어 주세요!"

3. 선지자의 가슴으로 살자.

주님 오실 날을 기다리는 성도들은
모든 이들의 귀감이 되는 세례 요한을 본받아야 한다.

첫째, 시대적 상황을 바로 깨달아
이때가 어느 때인지를 분별해야 한다.
둘째, 예수 그리스도의 이름으로
불과 성령으로 거듭난 새 사람이 되어야 한다.
셋째, 때가 악하다.
불의와 타협하지 않고
검소한 삶으로서 세상의 모범이 되어야 한다.
넷째, 다시 오실 주의 길을 예비하는 성도로서
주어진 시대적 사명을 감당하며 살아야 한다.
다섯째, 겸손과 인내로
모든 어려움을 이기는 승리자들이 되어야 한다.

요한은 이렇게 살다가 죽었다.
예수 그리스도의 오심을 증거하며
회개를 촉구하고 하나님 나라를 선포하는 중에
헤롯 안디바의 부도덕함을 지적하다가(막 6:18)
헤로디아의 미움을 받아 헤롯에 의해 목이 베였다(막 6:27).

환경의 지배를 받는 연약한 인생이라
세례 요한도 주께 사람을 보내어 질문한다.
"오실 그이가 당신이오니이까"(눅 7:19)
그러나 그는 승리하였다.
여자가 낳은 자 중에 가장 큰 자로 인정받았다(눅 7:28).

그리스도 안에 있다면
우리들 중에 가장 작은 자라고 할지라도
세례 요한보다는 더 큰 자라고 주께서 말씀하셨지만….

이 세대의 교사로

말세의 선지자가 되어 기도합니다.

1.

빈 들의 사람이 되어 주의 음성에 귀를 기울이게 하소서!

2.

재림하실 주님의 길을 준비하는 자로 깨어 있게 하소서!

3.

고목이 아닌 거목으로 복음 선포의 꽃을 피우게 하소서!

4.

겸손과 검소함으로 세상의 본이 되고 빛이 되게 하소서!

5.

저희들의 변화된 삶으로 오늘의 위기를 극복하게 하소서!

14

와! 하나님이다 • 모세와 그 외 선지자들

에스겔 37:5

주 여호와께서 이 뼈들에게 이같이 말씀하시기를
내가 생기를 너희에게 들어가게 하리니
너희가 살아나리라

에스겔 37:5

거룩한 도시 예루살렘!
그 중심에는 성전이 있었다.
이스라엘에게는 생명보다 더 소중한 곳이다.

그런데 예루살렘 성이 무너졌다.
성전이 불타 버렸다.
그나마 제사장들마저 다 끌려가 버렸다.

그래서 그들은 슬펐다.
포로가 되어 끌려간 바벨론에서 울었다.
불타 버린 성전을 그리워하며 눈물을 흘렸다.

하나님은 그때마다 말씀하셨다.
선지자들을 통하여 책망하고 경고하셨지만
귀를 막은 이스라엘은 들으려고 하지 않았다.

① 이스라엘이 생각하는 최고의 선지자는 모세다.
하나님과는 비대면이 당연한 시대였던 그때
시내산에서 하나님을 대면한 모세는 율법을 선포한다.

돌 판에 새겨 주신 십계명을 기억한다.
1. 하나님 외에 다른 신을 섬기거나
2. 우상을 만들지 말고

3. 하나님 여호와의 이름을 망령되게 부르지 말라.
4. 안식일을 기억하여 거룩하게 지키라고 하셨기에
우리는 지금 주께서 부활하신 주일을 구별하여 지키며
5. 부모 공경을 통하여 하나님의 자녀임을 확인한다.

6. 살인하지 말라
7. 간음하지 말라
8. 도둑질하지 말며
9. 이웃에게 거짓 증거하지 말라.
10. 무엇이든 남의 것을 탐내지 말라.

출애굽의 여정 중에 약속한 언약은
백성들에게 지워진 짐이 아니라 크나큰 복이었다.
그러나 언약을 무시한 이스라엘에게는 올무가 되었다.

계명을 어기고 죄악을 저지르며
우상 숭배와 이방 나라의 법을 따름으로
하나님의 마음을 아프게 한 결과는 심히 참혹했다.

사마리아에 도읍을 둔 북왕국 이스라엘은
앗수르(BC 722)에,
예루살렘 중심의 남왕국 유다도
바벨론(BC 586)에 의해 패망했다.

② 어느 날 갑자기 패망한 것이 아니다.

재앙(메뚜기)을 통하여 심판의 날을 경고한 **'요엘'**
정의와 공의의 실현을 통한 회개를 촉구한 **'아모스'**

형제를 돌아보지 아니한 에돔을 경고한 **'오바댜'**
임박한 심판을 경고하며 메시아의 도래를 외친 **'미가'**
회개 후 다시 타락한 니느웨의 멸망을 선포한 **'나훔'**

하나같이 하나님의 뜻을 전하고 외친 선지자들이다.
타락한 이스라엘에게 돌아오라고 외친 **'호세아'**나
마지못해 이방인들의 회개를 외친 **'요나'**에 이르기까지….

"의인은 그의 믿음으로 말미암아 살리라."(합 2:4)
"오직 여호와는 그 성전에 계시니
 온 땅은 그 앞에서 잠잠할지니라 하시니라."(합 2:20)

"여러 백성의 입술을 깨끗하게 하여
 그들이 다 여호와의 이름을 부르며
 한 가지로 나를 섬기게 하리니"(습 3:9)

분명히 하자!
오늘 우리가 팬데믹으로 고통을 당하고
코로나19로 온갖 어려움을 겪는 것도 과정임을 알자.

비대면을 주장하는 세상 사람들이
어떻게 하나님을 알며 앞으로의 일들을 알게 될까?
말씀으로 하나님과 대면하는 우리들이 역사의 주역이다.

③ 우리들은 놀라운 회복을 약속받았다.
불타 버린 성전을 그리워하며
눈물을 흘리는 그들과는 전혀 다른 우리들이다.

그러나 선지자를 통하여 말씀하신 하나님은
여전히 지금도 우리들에게 말씀하신다.
예루살렘의 회복을 선언하신다.

그 놀라운 장면 중에 하나가 본문의 내용이다.
에스겔 골짜기의 환상(Ὅραμα)이다.
오늘 우리들에게도 동일하게 언약하신다.

뼈들이 모여 연결이 되며 힘줄이 생기고
살이 오르고, 가죽이 덮여지고,
생기가 들어가서 살아나는 새로운 역사가 일어난다.

누가 마른 뼈들을 살리며 죽은 것들을 살릴 것인가?
"인자야 이 뼈들이 능히 살 수 있겠느냐"(겔 37:3)
에스겔은 대답한다.

"주 여호와여 주께서 아시나이다."(겔 37:3 하)
어린이들의 대답이 더 분명하다.
"와! 하나님이다."(겔 37:5 – 영·유아, 유치부 여름성경학교 주제)
"생명을 살리시는 하나님!"(겔 37:5 – 유·소년부 여름캠프 주제)

세상을 만드시고 다스리시는 하나님!
완전한 선지자로, 사람으로 성육신하셨다.
예수님은 그 십자가로 우리의 죄를 용서하신다.

천국으로 인도하시려고 영생을 주시고
성령을 보내셔서 우리의 길을 지도하신다.
코로나 바이러스가 우리의 예배를 막지 못한다.

"와! 하나님이다"라는 고백에는
성부, 성자, 성령님이라는 삼위의 하나님이 계시다.
그래서 삼위일체의 하나님이라고 한다.

세상을 만드시고 다스리시는 하나님!
구원을 위하여 십자가에서 죽으시고 부활하신 예수님!
이 사실을 깨닫고 회개하며
믿음을 가지게 하시는 성령님!

삼위일체 하나님의 사역

성부 하나님 – 창조와 섭리

성자 예수님 – 십자가와 부활

성령 하나님 – 회개와 구원

모든 성도를 삼위일체의 하나님께서 지켜 주시니
아무리 어려워도 하나님을 경배하고 예배를 드린다.
힘들수록 오히려 더 멋진 가정예배를 드릴 수 있다.

"하나님으로서는 다 하실 수 있느니라."(마 19:26)
"나는 여호와요 모든 육체의 하나님이라
내게 할 수 없는 일이 있겠느냐"(렘 32:27)

예수님은 모든 질병을 치유하셨다.
모든 생명을 회복시키는 분이시다.
코로나19 팬데믹뿐 아니라 모든 위기를 이기게 하신다.

결론은 분명하다.
예수님은 지금까지의 선지자들과 다르다.
가르치시며, 선포하시는 것으로 끝나지 아니하신다.

고쳐 주시고 새롭게 하신다.
그 이름으로 구하면 다 이루어 주신다.

예수님은 선지자 중의 선지자이시기 때문이다.

예수님은 하나님이시다.
그래서 우리는 고백한다.
그리고 힘차게 외칠 수 있다.

친히 말씀하셨다.
"나와 아버지는 하나이니라."(요 10:30)
"나를 본 자는 아버지를 보았거늘"(요 14:9)

뼈들에게 말씀하여 살아나게 하셨던(겔 37:5)
바로 그 하나님이 예수님이시다.
"와 하나님! 생명을 살리시는 하나님이시다."

1. 생명을 살리시는 하나님!
   그분이 예수님으로 오셨다.
2. 예수님의 십자가와 부활을 믿고 따르면
   영원한 생명을 얻고 구원을 얻는다.
3. 성령께서 오셔서 도와주시니
   무엇이든지 구하면 응답하신다.

우리를 살리시는 하나님!

예수님은 참 선지자로 이 땅에 오셨습니다.

1.
아버지의 뜻을 알아 오늘의 어려움을 이기게 하소서!

2.
말씀에 순종하며 선지자의 가르치심을 믿고 따르게 하소서!

3.
예배가 회복되고 거룩한 교회의 활동으로 회복되게 하소서!

4.
땅 끝까지 복음이 전파되고 하나님 나라가 오게 하소서!

5.
모든 질병을 고쳐 주시고 우리의 이웃들을 구원하여 주소서!

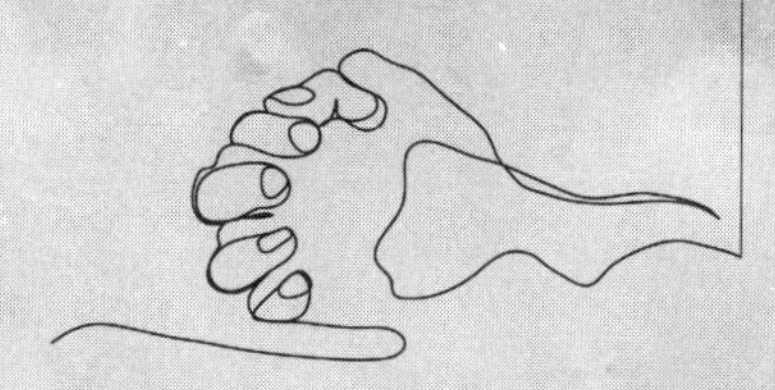

15

선지자 중의 선지자 • 우리 주 예수 그리스도

사도행전 3:19-26

주 하나님이 너희를 위하여 너희 형제 가운데서
나 같은 선지자 하나를 세울 것이니
너희가 무엇이든지
그의 모든 말을 들을 것이라

사도행전 3:22

모든 선지자들의 예언대로 오신 그분!
그 모든 선지자를 다 합쳐도 따를 수 없는
그래서 그 모든 선지자보다 탁월하신 그분!

참 선지자로 불리시는 그분은
우리 주 예수 그리스도이시다.
완벽하시며 온전한 선지자로 오신 분이다.

요한과 더불어 성전 미문(beautiful gate) 앞에서
앉은뱅이를 일으켜 세운 후 베드로가 설교하는 중에
이스라엘의 큰 선지자 모세의 고백을 소개한다.

"주 하나님이 너희를 위하여 너희 형제 가운데서
나 같은 선지자 하나를 세울 것이니
너희가 무엇이든지 그의 모든 말을 들을 것이라."(행 3:22)

누구든 이 선지자의 말을 듣지 않으면 멸망을 받으며
사무엘 이후 이어 말한 모든 선지자가 말하였고(행 3:23-24)
죽었으나 다시 사신 이분(행 3:15)이라는 사실을 증언한다.

"예정하신 그리스도 곧 예수"(행 3;20)가 그분이시지만
안타깝게도 유대인들은 이 언약대로 오신 참 선지자를
그들이 기다리는 메시아와 같은 분으로 인정하지 않았다.

기독교 복음의 핵심은 "예수는 그리스도"라는 고백이다.
바울은 이 한마디로 유대인들에게 전도하였다.
우리가 고백하고, 전하는 복음도 동일하다.

올해 교단총회 주제는 **"주여, 회복하게 하소서!"**
우리 교회 표어는 **"거룩한 영광, 회복하게 하소서!"**
청소년부 수련회는 **"주여, 복음으로 회복하게 하소서!"**

청소년부의 수련회 주제 성경이 본문(행 3:19-26)이다.
베드로가 이야기하는 복음의 핵심이다.
회복은 오직 복음이신 그리스도 외에는 다른 길이 없다.

첫째, 그러므로 회개하고 돌이켜 죄 사함을 받아야 한다.

"그러므로 너희가 회개하고 돌이켜
너희 죄 없이 함을 받으라
이같이 하면 새롭게 되는 날이
주 앞으로부터 이를 것이요."(행 3:19)

"예수는 그리스도"라는 말씀 안에는
"나는 죄인입니다"라는 의미의 고백이 담겨 있다.
동시에 예수님은 죄를 담당하신 제사장이라는 뜻이다.

그분 앞에 돌이켜 죄를 고백하여야 한다.
율법은 죄를 지었을지라도 속죄하는 방법을 규정한다.
희생의 제물로 드릴 때 제사장 앞에서 죄를 고백한다.

그러면 제사장은 양의 머리에 손을 얹고 안수함으로
양을 가져온 그 사람이 죄를 양에게 뒤집어 씌운다.
양은 그 죄를 위해
제단에서 피를 흘리며 죽음을 맞는다.

세례 요한은 예수님을 바로 속죄의 양으로 소개한다.
"보라 세상 죄를 지고 가는 하나님의 어린 양이로다."(요 1:29)
히브리서는
친히 자기 몸을 제물로 드린 제사장으로 소개한다.

"율법을 따라 거의 모든 물건이 피로써 정결하게 되나니
피흘림이 없은즉 사함이 없느니라."(히 9:22)

"한번 죽는 것은 사람에게 정해진 것이요
그 후에는 심판이 있으리니"(히 9:27)

"이와 같이 그리스도도 많은 사람의 죄를 담당하시려고
단번에 드리신 바 되셨고"(히 9:28 상)

죄는 내가 지었다.
그러나 벌은 주님이 받으셨다.
나를 대신하여 죽으심으로 나의 죄를 속하셨다.

예수님은 나의 주, 그리스도라는 고백에는
나는 죄인이라는 의미와
예수님은 나의 제사장이라는 뜻이 담겨져 있다.

둘째, 예수가 그리스도라 함은 '나의 왕'이시라는 말이다.

"기약이 이르면 하나님이 그의 나타나심을 보이시리니
하나님은 복되시고 유일하신 주권자이시며
만왕의 왕이시며 만주의 주시요."(딤전 6:15)

바울은 디모데에게 예수님을 "만왕의 왕"이라 일컫는다.
그에게만 죽지 아니함과 가까이 가지 못할 빛에 거하시기에
존귀와 영원한 권능을
그에게 돌릴지어다 라고 선언한다(딤전 6:16).

"그의 어깨에는 정사를 메었고
그의 이름은 기묘자라, 모사라, 전능하신 하나님이라,
영존하시는 아버지라, 평강의 왕이라 할 것임이라."(사 9:6)

이사야는 오실 주님이
‘평강의 왕’으로 오실 분이라고 하였고
동방의 박사들도 ‘유대인의 왕으로 나신 이’(마 2:2)로
무리들도 “주의 이름으로 오시는 왕”(눅 19:38)으로 찬양했다.

왕은 다스리는 분이다.
질서를 위하여 통치하는 분이다.
메시아라는 말은 그분이 왕이시라는 고백이 담겨 있다.

동시에 우리에게 왕이 필요한 이유는
우리들에게는 아둔함과 무질서함이 있기 때문이다.
왕이신 그분 앞에 우리의 부족함을 인정함과 함께

무질서한 “우리들을 다스려 주옵소서!”라는 고백이 있으며
그분의 뜻과 섭리에 순종하리라는 결심이 담겨 있다.
그분은 우리의 왕이시며, 주인이 되신다.

그분을 의지하고 모든 것을 그분께 맡겨야 한다.
우리들의 믿음은 모든 일이 형통할 수밖에 없으며
모든 것이 가(可)하다는 사실을 인정하는 것을 의미한다.

예수 그리스도는 영원한 하나님 나라의 왕이시다.
천지를 창조하시고 주관하시며 다스리시는 그분이

사람의 몸으로 이 땅에 오신 통치자이시다.

셋째, 제사장과 왕이신 그분을 우리는 선지자로 고백한다.
죄인인 우리들을 위하여 제사장으로,
아둔하고 무질서한 우리들로 인해 왕으로 오신 주님은
우리들의 무지함을 깨우치시려 선지자로 오셨다.

예수님의 삼중직(그리스도라는 직분)
제사장 - 우리의 **죄**를 속죄함
왕 - **무질서**한 우리를 다스리심
선지자 - 우리의 무지함을 깨우치심
* 그리스도 = 메시아(기름 부음 받은 자)

아버지도 모르는 무식한 우리들에게 말씀하신다.
"나와 아버지는 하나이니라."(요 10:30)
"나를 본 자는 아버지를 보았거늘"(요 14:9)

친히 그 사랑을 실천해 보이셨다.
제자들의 발을 씻기시고
떡과 잔을 나누시며 가르쳐 보이셨다.

"내가 주와 또는 선생이 되어

너희 발을 씻었으니 너희도 서로 발을
씻어 주는 것이 옳으니라."(요 13:14)

선지자요, 선생님이 되신 예수 그리스도!
제자가 어찌 스승보다 나을 수 있을까마는
온전하게 된 자는 그 선생과 같다고 격려하셨다(눅 6:40).

말씀하시고, 보여 주시고
직접 십자가와 부활로 행하신 선지자는
우리들에게 다시 명령하셨다.

"너희는 가서 모든 민족을 제자로 삼아
아버지와 아들과 성령의 이름으로 세례를 베풀고
내가 너희에게 분부한 모든 것을
가르쳐 지키게 하라."(마 28:19-20)

명령을 받은 우리들이다.
예수를 그리스도로 고백한 우리들이다.
예수님을 주로, 그리스도로 고백하고 영접하였다.

믿음을 가진 성도는 그분의 뜻에 따라야 한다.
제사장 앞에 죄를 고백하고, 왕의 명령에 순종하며
선지자의 가르침대로 믿고 따르자!

디지털이면 다 될 줄 알았다.
인공지능이 모두 해결해 줄 것으로 믿었다.
과학은 만능이 아니었다.

모든 피조물을 만드신 하나님!
모든 과학과 학문의 주인이신 여호와 하나님!
그분의 가르침에 따라 순종하여야 한다.

배운 대로, 가르쳐 주신 대로
내게 들은 바를 충성된 사람들에게 부탁하자!
그들이 또 다른 사람들을 가르칠 수 있으리라(딤후 2:2).

예수님을

우리 주 예수 그리스도로 고백합니다.

1.
죄인임을 고백하오니
십자가의 거룩한 피로 정결하게 하소서!

2.
무질서한 저희들을
친히 다스려 주시고 바른 길로 이끄소서!

3.
무지하고 무식하오니
가르쳐 주시고 새 사람 되게 하소서!

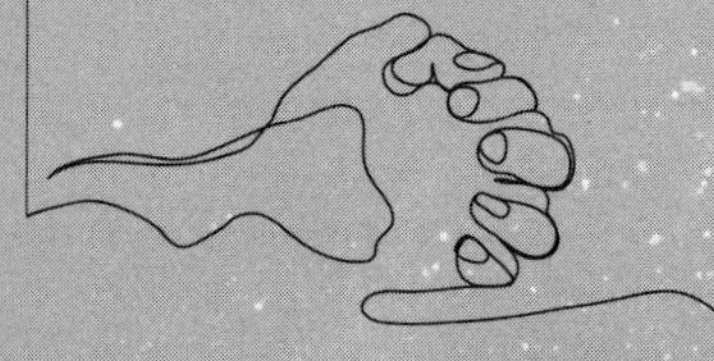

4.

저희 안에 계신 성령님!

언제나 우리를 주관하여 주소서!

5.

모든 것을 주님께 의탁하고 의지하오니

늘 승리하게 하소서!

선지자의 가슴으로

With the Heart of the Prophet